建築工事標準仕様書
JASS 6 鉄骨工事
2018

Japanese Architectural Standard Specification

JASS 6 Steel Work

1953 制　定
2018 改　定

日本建築学会

本書のご利用にあたって
本仕様書は，材料施工委員会・鉄骨工事運営委員会・JASS6改定小委員会による審議を経た原案に対して，公平性・中立性・透明性を確保するために査読を行い，取りまとめたものです．本仕様書は，作成時点での最新の学術的知見や長年蓄積されてきた経験・実績をもとに，目標性能やそれを具体化する技術的手段の標準を示したものであります．利用に際しては，本仕様書が最新版であることを確認いただき，かつ，規定の前提条件，範囲および内容を十分に理解ください．なお，本会は，本仕様書に起因する損害に対して一切の責任を負いません．

ご案内
本書の著作権・出版権は(一社)日本建築学会にあります．本書より著書・論文等への引用・転載にあたっては必ず本会の許諾を得て下さい．
Ⓡ〈学術著作権協会委託出版物〉
本書の無断複写は，著作権法上での例外を除き禁じられています．本書を複写される場合は，学術著作権協会（03-475-5618）の許諾を受けてください．

一般社団法人　日本建築学会

JASS 6 鉄骨工事標準仕様書 第9次改定の序

　2015年の第8次改定は，前年の「鉄骨精度測定指針」の改定に伴い，付則6「鉄骨精度検査基準」のみを改定したものであった．本文などこれ以外については，2007年の第9版刊行のまま改定されておらず，10年以上が経過している．この間，鉄骨製作に関するさまざまな社会情勢の変化や製作技術の進歩があり，それらに対応するため，第9次の改定を行うこととなった．本会材料施工委員会鉄骨工事運営委員会では，2015年にJASS 6改定小委員会を設置し，それまでに各小委員会およびワーキンググループで調査・研究・審議されてきた内容を踏まえ，本格的な改定作業に入った．

　今回の改定では，JISをはじめとする関連基規準・規定などの改正・改定に伴って修正が必要となった事項，技術的進歩に伴い新たに追加した事項等について改定を行うとともに，検査に関する記述方法を改め，検査の節を中心に全体の節構成に関する見直しを行った．

　主な改定点を以下に示す．

(1) 高力ボルト接合の孔あけ加工は，従来はドリル孔あけに限定していたが，工事監理者の承認を受けた場合等では，レーザ孔あけの使用を認めた．

(2) 摩擦面処理の発せい（錆）処理に，これまでの自然発せいに加えて薬剤発せいを認めた．

(3) 高力ボルトにF14T級トルシア形超高力ボルトを追記した．

(4) 旧版の8節「さび止め塗装」を8節「塗装」とし，2013年に改定された「建築工事標準仕様書・同解説 JASS 18 塗装工事」の内容を反映させた．

(5) 溶融亜鉛めっきを施した部材の摩擦面処理について，これまでのブラスト処理に加えてりん酸塩処理を認めた．

(6) 旧版9節「製品検査・発送」のうち，製品検査の内容を新版では10節「検査」に改め，5章「溶接」での検査等，検査に関する記述をこの節にできるだけ集約するとともに，検査に関する項目・内容を再整理した．

(7) 工事現場溶接部の検査は，特記のない場合，全数検査とした．

(8) 旧版の付則1.「サブマージアーク溶接の承認試験」，付則3.「エレクトロスラグ溶接の承認試験」および付則4.「スタッド溶接技術検定試験」を削除した．なお，旧版の付則1.および付則3.については，内容を見直して「鉄骨工事技術指針　工場製作編」の付7.および付8.に移行した．

(9) 旧版の「鉄骨精度測定指針」に記述されていた寸法精度の受入検査に関する記述の一部を，付則7.「寸法精度受入検査基準」として追加するとともに，旧版の「鉄骨工事技術指針　工場製作編」に記述されていた完全溶込み溶接用の試験に関する基準を，付則8.「完全溶込み溶接に用いる開先の承認試験」として新たに追加した．

(10) 検査に関する記述の集約に伴い，旧版9節「製品検査・発送」を新版では10節「検査」，11節「発送」に分けるとともに，工程順に沿った記述とするため，14節「溶融亜鉛めっき工法」を9節に移動するなど，JASS 6全体の節構成を見直した．

JASS 6 は契約用仕様書であるので，解説は付していない．JASS 6 の解説および最新の技術情報などは，「鉄骨工事技術指針　工場製作編」，「同　工事現場施工編」に，製品精度・測定に関わる内容は，「鉄骨精度測定指針」に，超音波探傷検査に関わる内容は，「鋼構造建築溶接部の超音波探傷検査規準・同解説」に詳しく述べられているので参照されたい．

　建築構造の安全性に対する国民の関心は高くなってきている．鉄骨造建築の品質を確保する上で，JASS 6 の果たす役割は非常に大きい．JASS 6 が適切に使用されることを望むとともに，会員諸氏には JASS 6 に対する建設的な意見と助言を本会に寄せられたい．

　2018 年 1 月

日 本 建 築 学 会

第8次改定の序

　今回の改定は,「鉄骨精度測定指針」が2014年10月に改定されたことに伴うものである.「鉄骨精度測定指針」の改定は,近年の鉄骨造建築物の大型化,複雑化および免震化・制振化が増加する鉄骨製作の実状に対応することを主な目的として行われた.

　「建築工事標準仕様書 JASS6 鉄骨工事」の付則6. 鉄骨精度検査基準は,「鉄骨精度測定指針」の内容を反映している.「JASS6」と「鉄骨精度測定指針」の不整合を解消し,社会的に混乱が生じないようにするため,改定版を発行することとした.したがって,今回の改定箇所は,付則6.だけに留めており,その他の内容は変更していない.

2015年1月

日本建築学会

第7次改定の序

　建築工事標準仕様書JASS 6 鉄骨工事は，施主が総合建設業者に対して提示する各種仕様書のうち，鉄骨工事にかかわる標準的な事項に関する仕様書であり，設計者らが総合建設業者に対して履行を求める施工管理に関する事項と，総合建設業者から鉄骨製作業者に対して発注する鉄骨製作に関する仕様からなっている．

　1996年に旧版が刊行されてから10年以上が経過し，その間に鉄骨をめぐるさまざまな社会情勢の変動や製作技術の進歩があり，それらに対応するために改定の必要が生じた．鉄骨工事運営委員会では，2004年にJASS 6改定小委員会を立ち上げ，それまでに各小委員会，ワーキンググループで調査・研究してきた内容を踏まえ，本格的な改定作業に入った．

　今回の改定は，建築基準法，JISをはじめとする関連基規準・規定などの改正・改定に対応して修正が必要になった事項と，若干の技術的情報の追加・修正に限られており，節の構成は旧版と変わりはない．技術的な情報の詳細は「鉄骨工事技術指針　工場製作編」，「同　工事現場施工編」に示されている．

　主な改定点を以下に示す．
（1） 従来，品質管理用語はJIS Z 8101に規定されていたが，同JISが廃止され，新しくISOに対応するJIS Q 9000に準拠することになったため，品質管理用語が改定になった．これらの用語は2節で定義されているが，鉄骨製作の関係者にはなじみが少ないため，2節では従来の用語と併記して示し，3節以降は従来の用語を用いて記述した．
（2） 旧版の4.7開先加工を4.7開先加工と4.8スカラップ加工に分けて記述した．
（3） 高力ボルトの導入張力確認試験を「高力ボルトの品質確認のための試験」の一部と位置づけた．また，締付け工程開始時の「締付け」施工法の確認について追記した．
（4） エンドタブの切断は特記によることにした．
（5） 溶接ロボットの使用については，工事監理者承認，型式認証が必要であることを明記した．なお，溶接ロボット型式認証試験およびロボット溶接オペレータ技量試験の概要を「鉄骨工事技術指針　工場製作編」の付10，付11に示している．
（6） 重金属を含まない鉛・クロムフリーさび止めペイントおよび屋内に適用する有機溶剤を含まない水系さび止めペイントを追加した．
（7） めっき工法について，めっき割れに関する事項，溶接に関する事項を追加した．

　JASS 6は契約用仕様書であるので解説は付してはいない．JASS 6の解説および最新の技術情報などは「鉄骨工事技術指針　工場製作編」，「同　工事現場施工編」に，製作精度・測定に関わる内容は「鉄骨精度測定指針」に詳しく述べられている．JASS 6とこれらの技術指針は密接な関係を持っているので，今回は4冊の同時改定を行い，各刊行物間の齟齬がないように配慮した．

　なお，「鋼構造建築溶接部の超音波探傷検査基準・同解説」については，引き続き改定作業を行っており，近々刊行する予定である．

　2007年2月

日本建築学会

SI 単位版の序

　近年,各分野で SI 単位化が進められている.建築の分野でも SI 単位を使うことが義務付けられ,次第に浸透しつつある.また,JIS などの改正により,これらと整合しない部分が一部生じた.そこで,今回,「JASS6」の増刷にあたり,これらの点を解消すべく鉄骨工事標準仕様書の SI 単位版を発行することにした.
　この SI 単位化は,以下のような方針で行われた.

1) 基本的には SI 単位化にかかわる修正のみに留め,内容の変更はしない.
2) 本会の規準,指針等の SI 単位化の方針と整合させる.
3) JIS などの関連規格ならびに各種安全規則等と整合させ,社会的に混乱が生じないようにする.

2002 年 10 月

日本建築学会

第6次改定の序

　前回の第5次改定は1993年4月に行ったが，それは1991年2月に刊行した第4次改定から2年後に建築基準法施行令の第68条の2に規定されている高力ボルトの孔径が拡大される方向で改正されたので，これに関係する部分を書き改めるとともに第4次改定時の講習会において多くの質問を頂戴したミルシートの取扱い要領について，3節の解説として追記したもので，その他のことは内容を変更することはしていない．第5次改定後今日までの間は，後述のように鉄骨をめぐる社会情勢はめまぐるしく変動している．今回の改定では，社会の体制作りが未了な内容のものについては，情勢が整い次第補充することとして現時点まで固まっているものと整合を図りつつ，実効ある契約用仕様書となるよう留意した．そのため，これまでJASS 6と技術指針が交互に改定され内容に差異が生じがちだった弊害を除去するために同時改定を行った．その結果，JASS 6の解説や特記は必要な情勢はすべて技術指針に収録し，JASS 6は契約用仕様書としての位置付けを強く認識して解説は付けないものとした．

　建築物の設計から竣工に至る過程は，施主と総合建設業者（以下，GCという）間で，設計図書に従う建築工事を完了させることを契約することにはじまる．これに基づいて，GCは多種の専門協力業者に必要な資材を発注するとともに，総合的な施工管理を行い，設計品質の建築物を完工させることとなる．

　健全な建築物は，完備した設計図書とこれに適合する材料・施工ならびに適切な工事監理・施工管理に負うものである．これらは鋼材生産，流通，設計，製作，検査，施工等いずれも異業種として世に存在している．その一翼には建築鉄骨だけを取り扱うとは限らない業界も含まれている．建築鉄骨は，このように多業種が連帯することによって作られ，一つの建築生産体系として成り立っている．したがって，その体系のいずれかの一角に欠落があれば不良鉄骨と称されるものとなる．事実，今回の阪神・淡路大震災でも，いずれかが不十分であったために被害を露呈したものが多くみとめられた．社会的にも，鉄骨品質適正化のために，これらの建築鉄骨生産体系とそれぞれの業種の業務区分の明確化と業務担当者の資質の見直しがさけばれているゆえんである．

　鉄骨工事は鉄骨製作工場における製品製作（加工）工程と工事現場の建方工程に大別されるが，製品製作は通常，施工者であるGCが施主と契約した設計図書に適合する鉄骨製品を製作できる鉄骨製作業者（以下，ファブという）を選定し，工事監理者の承認を得た後に協力業者である鉄骨製作業者に発注するのが常態となっている．

　仕様書とは，設計図書の一部であり発注者が作成して受注者に対して提示するものである．その内訳は，設計者等が工事ごとに必ず明記しなければならない事項（特記事項）と標準的な事項（標準仕様）とに区分される．

　JASS 6は，日本に建設される通常規模・形態の建物を対象として，施主（設計者が代行することが多い）がGCに対して提示する各種仕様書のうち，鉄骨工事にかかわる標準的な事項に関する仕様書であり，設計者らがGCに対して履行を求める施工管理に関する事項とGCからファブに対し

て発注する鉄骨製作に関する仕様とからなっている．このとき後者では，契約した建物の施工管理責任の範疇としてGCみずからの判断で必要に応じた検査や管理要領などを付加するのは当然のことと考えている．

ここで，鉄骨品質を巡る一連の社会動向を概観する．

① 材料に関して

使用部位や必要性能に応じて使い分けできる建築構造用の専用鋼材としてのSN材（JIS G 3136）のJISが制定された．この鋼材は同一の略称SNの中に性能が異なる鋼材の種類がA，B，Cに区分されており，これらの異材混入防止上鋼材の全面または全長にわたる鋼種識別マークを付して市中に流通しはじめている．これと連動して，平成7年11月にこれまで建築分野で多用していたSS材（JIS G 3101），SM材（JIS G 3106）のそれぞれのJIS本文の「適用範囲」に明記されていた「建築」が削除された．また，コイルからロール成形される冷間成形角形鋼管では建設大臣が指定する設計法や加工法に従わなければならない建設大臣特認の柱材が登場した．プレス成形角形鋼管も類似の取扱いとなった．さらにJIS G 3444（一般構造用円形鋼管）の円形鋼管STK材や建築用に必要な他の鋼材についてもSN材の主旨に適合する新JIS制定の方向にある．なお，近時，熱間で角形に成形することで製品の材質がJIS G 3136のSN材の規定に適合するいわゆる熱間成形角形鋼管がSN材と同等品として大臣特認材も出現した．これらに先立って平成6年9月には，SN材の行政的取扱いを示した通達440号が示されている．これら一連の動向は，要するに建築分野で用いる鋼材をSN材の特性のものに集約することを指向するものと考えられる．

② 工事監理・施工管理体制の再構築

設計品質を実現するうえで工事監理・施工管理の重要性が再認識され，鉄骨工事に関与する各業界の業務区分の明確化とそれぞれを担当する人の技量・技術の見直しが進められ，各分野・工程における公的に認知された資格者体制が整備されつつある．これは，それぞれの業務分野ごとの自主管理体制整備を促すものと予想される．これに先立って工事監理の徹底を図る意味から建設省の通達349号として施工状況報告書（平成4年9月）の提出を行うこととされた．また，従来からとかく問題視されていた「ミルシート」と称するものの取扱いについても，この用語を廃し「規格品証明書」と「原品証明書」「同等品試験証明書」「試験成績書」に区分統一され，その発行者や取扱い方法等も明確に定義された．

③ 社会情勢

平成7年1月に発生した阪神・淡路大震災では，設計・施工時の特に溶接に関する基本的事項の遵守と，各工程担当者の責任意識の高揚の大切さを再認識させるものであったし，鋼材のみならず鉄骨製作工場の国際化も進化してきている．さらに，製造物責任法（PL法）が施行されるに至った．鉄骨に対して「ゆとりある設計」「入念な製作」が強調され，特に接合部の安全性がさけばれている．これは，適正な鉄骨品質の保全は，材料変革や行政対応のみで得られるものではないので，日本建築学会，設計業界，施工業界，鉄骨製作業界，流通業界が一致協力し，鉄骨造建築物の適正な品質確保の対応を推進しなければならないことを示唆したと受けとめるべきである．

これらの情勢を総合的に勘案し，鉄骨の品質は関連するすべての工程で作り込むものであって，

検査によって得られるものではないとの認識を新たにして，今回の第6次改定では，JASS 6は設計者らとGCの間の契約用仕様書であるから鉄骨工事の経験を有する専門家相互の間で用いられるもので教科書的要素は無用と考えた内容としている．条文は工法や従事する資格者を限定したもの，性能を規定しその工法は限定していないもの，および精神規定でその対処方法は各自に任ねたものの3タイプとなっている．これは，いずれも現代の普遍化した加工技術，施工状況設計の実態を前提とした標準仕様を示している．したがって，設計者らが仕様内容を修正したり，特記したりすることを妨げるものではない．ファブにとっては，GCが一方的に提示しこれを片務的に受けるものではなく，日本に建設される通常規模，形態の建物における鉄骨製品の標準的品質レベルを示すものと捉えなければならない．この品質は，施工管理者と接骨製作業者の双務的な責任意識の協調によって作り込むものとの社会認識の志向に対応しているものといえる．したがって，施工者も鉄骨製作者もそれぞれの業務範囲・責任分担を明確にし，その範囲において自主管理体制の整備を図り対応しなければならないものである．法律的建前では鉄骨品質の責任はGCにあることとなっているが，製作工程については，ファブがそれぞれに保有する設備機械，人材を活用した最適な方法で行うファブの自主管理を尊重し，発注側はこの自主的な管理内容に応じて所定の品質確保に過不足のないようにつとめ，双方の協調によりそれぞれが合理的な品質の作り込み努力をしなければならない．このようなことから，JASS 6仕様を適用する建築鉄骨を製作するにあたって，これに適合する品質を作り込む自主管理体制のないものは，GCからの発注先鉄骨製作業者としての選定対象にはなり得ないことを意味している．

　このような認識から鉄骨工事技術指針の「工場製作編」と「工事現場施工編」は，それぞれの工程を担う立場の人が何をなすべきかを理解しやすいように全面的な同時改定を行っているので，JASS 6の本文を正しく解釈するのに有益なものととらえ，両書をよく読まれることを強く希望するものである．

　なお，今回改定のJASS 6では，鋼材としてJIS G 3136に規定されるSN 400 A, B, C, SN 490 B, C材と表記してあるが，現段階ではSN 400 A, B, C材はSS 400材，SN490 B, C材はSM 490 A, B, C材と読み替えることはやむを得ないものと考えている．

　なお，「鉄骨精度測定指針」と「鋼構造建築溶接部の超音波探傷検査基準・同解説」については，引き続き改定作業を行っており，近日中に刊行する予定である．

　この改定にあたって本運営委員会，小委員会の委員および関係会員各位の多大のご協力をいただきさらに多くの方々から貴重なご意見，資料の提供を賜ったことを記して深甚なる感謝の意を表する次第である．

1996年2月

日本建築学会

第5次改定時の序

　1991年2月に刊行した第4次改定からわずか2か年ほどであるが，のほど建築基準法施行令の第68条の2に規定されている高力ボルトの孔径が拡大される方向で改定されたので，これとの整合を計ることを目的として，これに関係する部分を書き改めることとした．併せて第4次改定時の講習会において多くの質問を頂戴したミルシートの取扱い要領について，すでに1991年8月号の建築雑誌誌上で回答した内容を，3節の解説として追記した．その他のことは誤解を招くおそれのある表現を若干修正しているが，内容を変更することはしていない．すなわち，昨今の社会状勢の変動に沿う諸事項については，1994年度改定予定の鉄骨工事技術指針に取り込むこととし，JASS6本文の抜本的改定は次回に行うこととしている．

　このような主旨から，原案担当者名簿および原案担当委員会は第4次改定時のままとしているが，1992年4月から，鉄骨工事運営委員会ならびに傘下の各小委員会を改組しているので，現時点での名簿も掲載することとした．

　1993年4月

日 本 建 築 学 会

第 4 次改定時の序

　JASS 6（鉄骨工事）は，昭和 57 年 10 月に改定した後，約 8 年が経過している．また，この間本運営委員会は，わが国の鉄骨工事の標準的施工技術の集大成版として，昭和 52 年 2 月に「鉄骨工事技術指針」を作成した．さらに，その後の技術的進歩を取り入れて大改定を行い，昭和 62 年 3 月に「鉄骨工事技術指針　工場製作編」および「同　工事現場施工編」の二分冊として刊行した．

　今回の標準仕様書の改定は，この技術指針との整合性を図るとともに下記のように新しい項目を盛り込むことを目的とした．

　また，現仕様書の解説のほとんどすべてが，先に刊行した技術指針に盛り込まれているので，今回の改定では本文，解説のスタイルはとらず，各条項の立案主旨，補足事項などの必要な項目についてのみ巻末に解説を付けることとした．

　なお，付則 6 が改定されたため，これに伴い「鉄骨精度測定指針」の改定も併せて行った．

　今回の改定において，次の項目について新しく規定を設けた．

1) 品質保証を目的とした品質管理を行うことを明確に規定した．
　建築工事の品質は，これにかかわる設計者，施工者の責任において保証しなければならないことは当然のことであるが，現仕様書においては施工者等の自主管理を規定して，その責務をある程度明確にしていたが，今回の改定では時代の要請に答えて，さらに明確にするため，1 節「総則」に 1.4「品質保証」の項を設け，これを自主的に実現するため，2 節「品質管理」を新設した．

2) 11 節「耐火被覆」を新設した．
　耐火被覆は鉄骨工事特有の工事であり，この工法についての標準的仕様書が要望されていたが，これまで JASS には規定されていなかった．今回さび止め塗装と耐火被覆の適合性なども実験的に確かめ，11 節「耐火被覆」を新設した．

3) 12 節「溶融亜鉛めっき工法」を新設した．
　最近，重防食構造物として溶融亜鉛めっき工法の需要が盛んになり，その標準工法，仕様書が要望されていたので，12 節「溶融亜鉛めっき工法」を新設し，解説にその標準的工法をまとめることとした．

　本号の改定にあたって本運営委員会，小委員会，ワーキンググループの委員および関係会員各位の多大のご協力をいただき，さらに多くの方々から貴重なご意見，資料の提供を賜ったことを記して深甚なる感謝の意を表する次第である．

1991 年 2 月

日 本 建 築 学 会

第3次改定時の序

　JASS 6（鉄骨工事）は，日本建築学会建築工事準仕様書の一部として昭和28年11月に制定された後，昭和42年4月および昭和57年10月の2回の改定が行われ，現在に至っている．また，その間「鉄骨工事技術指針」を昭和52年4月に刊行し，昭和62年3月に「工場製作編」，「工場現場施工編」の2分冊に改定刊行した．

　この技術指針は，鉄骨工事発注・契約用図書としての本仕様書に記載されている施工法の詳細な解説および仕様書には盛り込めない最新技術の紹介など，最近の鉄骨工事技術の標準的工法を集大成したもので，本仕様書を技術的にサポートする図書として位置付けられている．

　同様な意味で，鉄骨工事の品質管理の基本である製品精度測定方法の指導書として「鉄骨精度測定指針」も刊行している．

　材料施工委員会鉄骨工事運営委員会は，これら三本の柱を総合して，わが国の鉄骨工事技術の標準化と普遍化を図っていくことを活動の中心に据えている．

　したがって，これら三部作は互いに有機的に連繋し，整合性のあるものでなければならないが，それぞれの刊行時期の違いによって，若干の跛行があるのもやむを得ない．

　今回，学会の刊行物の形式がB5判に統一されることから，本仕様書も版を改めることとし，この際，先に改定された技術指針，測定指針の記述と整合させるような若干の訂正を行って，第2次改定版として本書を刊行することとした．

　現在，鉄骨工事運営委員会は鉄骨工事の品質の確定とその保証という新しい観点から標準仕様書も再編成すべく調査研究を行っており，今後遠くない将来に成果を発表できると考えている．

　会員各位におかれましては，鉄骨工事運営委員会の活動に御理解を承り，御意見・御協力を寄せられることを期待している．

　昭和63年5月

日本建築学会

第2次改定時の序

　JASS 6（鉄骨工事）は，日本建築学会建築工事標準仕様書の一環として，昭和28年11月に制定され，昭和42年4月に第1回目の改定が行われ，現在まで約10年以上改定されていなかった．その間，鉄骨工事に関する技術革新は著しく，新しい材料・工法が数多く開発され，会員一般から仕様書の改定を強く要望されていた．当分科会として昭和48年頃から前主査藤本盛久（東京工業大学教授）のもとで改定の準備を始め，まず最近の鉄骨工事技術の標準的工法を集大成し，昭和52年4月に「鉄骨工事技術指針」を刊行公表した．この技術指針を基礎として，同年から本仕様書の改定に着手し，慎重に審議を重ねて，第4試案をもって最終案を作成し，建築雑誌（昭和56年10月号）に発表したところ，多くの会員から貴重なご意見をいただいたので，それらも取り入れて検討を重ね，解説を付して今回公刊する運びとなった．

　今回の改定は，近年の鉄骨工事技術の進歩と社会状勢の変革を取り入れたので大幅なものとなったが，作業にあたって考慮した主な事項は次のとおりである．

1) 前仕様書が採った次の方針を踏襲した．「建築主が総合建築業者へ，また総合建築業者が鉄骨製作者へ発する仕様書として使用できるものとする」
2) 施工者の自主的品質管理を尊重し，仮設・工法など鉄骨工事の製作・建方の手段については施工者の責任において一切を定められることとした．
3) 新しい工法・材料は特殊なものを除いて採用し，一般に使用できるようにした．例えば，高力ボルト締付けの"ナット回転法"，溶接の"狭開先自動溶接"・"スタッド溶接"・"消耗ノズル式エレクトロスラグ溶接"などの新工法とか，トルシア形高力ボルト，各種高張力鋼などの新材料をとり入れた．
4) 建築主の製品に対する要求品質を明確にするよう，受入検査水準をできるだけ規定するよう努めた．また従来，製品の製作上の管理水準が，ややもすれば受入検査水準と混同されていたので，この区別を明らかにするよう努めた．例えば，付則6に「鉄骨精度検査基準」を設け，鉄骨製品および鉄骨建築物の精度を標準許容差と規準許容差に区別し，前者を施工者側の品質管理水準を示すものとし，後者を受入検査水準を示すものとした．また，溶接部の内容欠陥検査にAOQLの手法を導入した．
5) 鋼構造設計基準その他の規準との整合性を図った．

　なお，数年前鉄骨工事の品質が問題となったことがあったが，鉄骨製品の品質はそれぞれの製作工程においてつくり込むものであり，いたずらに検査を厳重にしても，コストがかさむ割りには品質は向上しない．そこで，最も重要になるのが，鉄骨加工業者の自主的な品質管理である．

　品質管理の基本は，各工程ごとの製品の精度測定であるが，これに対するまとまった指導書が発表されていなかったので，今回のJASS 6改定と同時に「鉄骨精度測定指針」を別に刊行することとしたので，先に刊行している「鉄骨工事技術指針」と併せて活用していただきたい．

　また，昭和47年に刊行した「鉄骨工事精度標準」は，付則6「鉄骨精度検査基準」および「鉄骨精度測定指針」に取り入れたので，この機会に廃止することとした．

　なお，本仕様書の改定にあたっては，当分科会委員以外の小委員会委員および関係会員各位の多大のご協力をいただき，さらに多くの方々から貴重なご意見，資料の提供を賜った．ここに記して深甚なる感謝の意を表する次第である．

昭和57年10月

日本建築学会

第1次改定時の序

　JASS 6（鉄骨工事）は，日本建築学会建築工事標準仕様書の一環として，昭和28年11月制定公表され，その後改定を行なうことなく14年経ちました．
　その間にこの仕様書を実用に供した経験と，その後の工法の発達を加味し，全面的に再検討を行なった結果，今回稿を改めたものであります．
1. 建築主が総合建築業者へ，また総合建築業者が鉄骨製作者へ工事仕様書として使えることを考慮した．
2. 契約仕様書は，この仕様書を標準として作成されることを考え，一部表現が仕様書らしくないもの，および上記1による区別に従い，実施にあたって表現を多少考慮する必要のあるものもあるが，たいたいこのまま仕様書として使えるよう心がけた．
3. 特記の内容をいちいち与えないものもある．種類が多くて書ききれないものは解説にまわすことにした．
4. 改定の要点は下記のごとくである．
   （1） 鋼構造設計基準案，薄板鋼構造計算・設計施工規準，鋼管構造計算基準，溶接工作規準，高力ボルト摩擦接合設計・施工規準などに適合するよう心がけた．
   （2） 製作工場および工事場工事者に対し，製作要領書および施工計画書による承認を義務づけた．
   （3） 材料はJIS製品とし，最新のものをつけ加えた．いわゆる普通鋼材については，なお今後の検討をまちたい．
   （4） 高力ボルト摩擦接合，サブマージアーク自動接合を加え，半自動溶接にも用いられるようにした．
   （5） SM 58の溶接に考慮し，さらに高張力の鋼材へも進めるよう心がけた．
   （6） その他，実際上しばしば生ずる事例に対する注意を加え，また表現の修正，字句の訂正など一部行なったが，しいて変更を要さないものはなるべく残ることとし，学術用語に修正する程度に止めた．
   （7） 製作精度については引き続いて委員会で研さんを行ない適時発表する予定である．

　委員会としてはつぎの改定に備えて絶えず研究を進めますが，会員各位のご協力を得てよりよいものにしたいので，随時本会材料施工委員会あてご意見をよせられるよう期待いたします．

昭和42年6月15日

日本建築学会

発刊時の序

　本会は，去る大正12年に建築施工技術の向上を図るため，委員会を設けて，仕様書の標準化に着手致しました．以来昭和16年迄の間に，建築主体工事に関しては16の標準仕様書が作られ逐次会誌をもって発表されたのであります．その間においても技術の進歩，材料の変遷等に即して，改正が企てられましたが，当時緊迫化を辿りつつあった内外の諸情勢は，それを果さしめないまま遂に終戦を迎えたので，仕様書の改正を断念し，委員会も廃止して終わったのであります．

　終戦後の混乱無秩序は，応急需要と相俟って，低劣な質の建築生産がなされて，真の建築復興の将来は実に暗澹たるものでありました．しかるに進駐軍施設の建築需要が盛んになるに及んで，否応なしに海外技術の移入が行なわれるようになって，これが戦時中に低下したわが建築技術の恢復に多大の刺戟を与えたことは事実として認めない訳には行かなかったのであります．

　昭和24年頃からは，国力も稍恢復を見せたので，従って建築物の質的改善の要請が起って参り，翌25年5月には，建築基準法や建築士法が制定実施に移されて質の向上が法的に要求されるようになりました．

　それに先だって，いわゆるビルブームの兆が現われ始めましたが，25年2月建築制限が殆んど廃止されてからは，永らく抑制下にあったビル建築が一斉に勃興したので，これに対処するためにも施工技術の高度化が要求されるに至ったのであります．そればかりでなく，わが国が戦争のために空白にした10年間と，この間の海外に於ける建築技術の著しい進歩に鑑みても当然施工技術の合理的改善を行なわなければならない状勢にあったのであります．即ち経済性を基調に，移入技術の応用，わが国おける研究成果の活用等によって，簡易化・機械化を図ることが当面の重要な課題となって来たのであります．

　本会においては，これらの重要性を考慮し，昭和26年5月には，標準仕様書の全面的更改と材料規格の調査を目的とする「材料施工規準委員会」を設け，広く建築界各層の技術者及び設備技術者等約230名を委員に御依頼して発足願ったのであります．

　幸に委員長始め委員各位の熱誠なる御努力が実を結び，逐次発表を見るに至りましたことは建築界のためにも，誠に欣ばしいことであります．この仕様書が一段階となって，今後益々施工技術の進歩改善が期待される点は決して尠くないと信じます．

　本会においても，本事業が建築界に大きな期待をもたれていることを察知致しまして，28年度事業としてこの仕様書による講習会を全国的に催し，速かな普及に資することに致しました．そのため解説の執筆など委員各位の御多忙を知りつつも相当御無理を願った点の多くあることを恐縮に存じております．

　本書の刊行に当りまして，委員各位の御尽力はさることながら，これを御支援御協力せられました委員始め官民各方面の職場に対しましては深甚な謝意を表しますとともに，この仕様書の普及実行に一層の御協力をたまわらんことを望んで已まない次第であります．

昭和28年11月

日本建築学会

建築工事標準仕様書制定の趣旨と執筆方針

（1） 日本建築学会は，建築工事標準仕様書を制定し，社会に対して刊行する．この仕様書は，JASS（Japanese Architectural Standard Specification）と略称し，工事種別ごとに章名をつけた番号を付す．

（2） 日本建築学会が建築工事標準仕様書を刊行する目的は，わが国で造られる建築物の品質の確保，使用材料・工法・構法の標準化に資することにある．

（3） 建築工事標準仕様書は，建築物の施工（一部，設備等の製作・施工を含む）に際して，目標性能やそれを具体化する技術的手段に関する標準モデルを示すものとする．

（4） 建築工事標準仕様書は，工事請負契約図書を構成する設計図書の一部として使用・引用できるものとする．

（5） 建築工事標準仕様書および同解説は，設計者が建築工事の具体的な仕様書を作成する際の参考となるものとする．また，機関・団体がそれぞれの標準仕様書を作成する際の参考ともなるものとする．

（6） 建築工事標準仕様書および同解説は，中立性を保ちながら合理的・経済的な技術水準を示すものとする．また，その内容は会員間に広く合意を持って受け入れられるものとする．

（7） 建築工事標準仕様書および同解説は，技術に関する研究の進展，使用材料・工法・構法の進歩，法令・規格の改正などを反映するものとする．

（8） 建築工事標準仕様書および同解説は，法令に適合するものとする．すなわち，法令で許容される水準は満足するものとする．

（9） 建築工事標準仕様書および同解説は，公的な諸規格をできる限り引用するものとする．

（10） 建築工事標準仕様書および同解説は，教育・啓発に役立つものとする．

2017 年 11 月

日本建築学会　材料施工委員会

「建築工事標準仕様書」(JASS) に発刊に際して

　標準仕様書を作成することは，施工標準を決めようとすることであります．即ち合理的で経済的な施工の一定標準を定め，これが普遍化を期待し，それによって一般建築物の質の向上を図ろうとするのが，その目的であります．

　先ず，その根本的方針としては，技術の進歩に即応し，新材料の利用，規格の尊重，新決定用語の採用によって，時代に適合し，しかも飛躍に過ぎることのない様，官庁と謂わず，民間と謂わず，建築界全体を通じて使用し得られる仕様書の決定版を得ようとするところに，目標を置いたのであります．

　この仕様書をなるべく短期間にまとめたく思ったためと，また専門中の専門知識を動員するために，調査委員会の構成は，細分科制を採り，14の分科会を設け，独り建築主体工事に限らず機械，電気などの設備工事をも含めた33章に亘る工事別仕様書の調査執筆に着手したのであります．

　審議の方法は，前記14の分科会の外に，主査も参加する運用調整委員会を設け，分科会で作られた夫々の原案を更に運用調整委員会にかけて，精粗・軽重などについての分科会相互間の均衡を考え，総合的に検討を加え，その結果を，広く建築界の輿論に問うため，会誌に発表するほか，全支部を始め全国に亘り65ヶ所の連絡機関を設けて，忌憚のない御意見を求めたのであります．それ等の結果は，再びこれを委員会に戻して，再検討を行ない，斯くして得た最終案を，本決定に運ぶような方法をとったのであります．

　幸に委員会各位には公私共に御多忙であるにも拘らず，全く献身的な努力を傾けられまして，御蔭をもって，昨27年8月号の会誌から逐次原案を発表することができたのであります．本書に載せた仕様書は上記の方法によって得た最終本決定の一部であります．

　未だ全部の完成には到りませんが，一応成果をあげたものをもって学会が講習会を全国的に開かれることになったため，原案作成委員の方々に重ねて解説の執筆を煩わしました．時間の関係もあって，それは執筆委員各自の責任において書かれたものでありますが，これによって，細目についての制定の意図，内容などが正しく御理解願えることと思います．本委員会としては，将来仕様書の完璧を期するために，実施上の御経験などを御申越戴いて，改善に改善を重ねる考えでありますから，今後とも各別の御協力を御願い致したいのであります．

　なお，委員長を扶けられて，非常な御尽力を払われた委員各位を始め資料の御提供に，あるいは連絡機関として成案に対しても貴重な御意見を御寄せ下さった全支部及び官公庁，建築事務所，建築業者等の方々に対し，この機会をかりて厚く御礼申上げる次第であります．

　昭和28年11月

　　　　日本建築学会　材料施工規準委員会

　　　　　　　　　　　　　　　　　　　　　　　　　　　委員長　下　元　連

日本建築学会建築工事標準仕様書
制定調査方針

（目　　的）
1. 建築の質的向上と合理化を図るための適切な施工標準を作ることを目的とし，次の点を考慮して標準仕様書を体系づけた．
    a. 建築設計を拘束したり，統制したりしないが，統一して差支えない程度のものはなるべく一定するよう努めた．しかしそのため，施工技術の最低限度を割らないよう注意した．
    b. 施工技術の専門細分化が近来特に甚しい傾向にあるので建築技術者を始め多数の専門家の密接な協力を得て，各専門分野の技術の有機的な繋りを保つと同時にそれ等専門技術の建築技術への浸透を仕様書を通じて図ることにした．
    c. 技術に関する研究の進展，材料の進歩等に即応し，検討を経て成果を得たものは，なるべく速やかに仕様書に織り込み，研究とその成果の活用とを直結して技術に進歩性をもたせた．

（用　　途）
2. 広く各方面の意見を徴して，官公庁，民間を問わず中央と地方とに拘らず各種構造の建物のいずれにも適応できるものとした．

（規格，計量，法令）
3. 度量衡は，メートル法を主とし，その他の計量が慣用されているものについては，括弧内に併記した．
4. 日本工業規格（JIS），日本標準規格（JES），その他の規格にあるものは規格を用い，公定規格のないもので特に業界規格等を必要とするものについては，こだわらずに採用して，それ等との調整と活用とを図った．なお場合によっては，暫定的に日本建築学会規格をも作った．
5. 建築基準法その他法令に関係ある事項は，法令に定められたところと背馳しないようにした．

（体制，略称）
6. 建築工事における一般的かつ共通的なものついて記述し，特殊な材料，工法，寸法ならびに工法その他が数種類あるものはこれを羅列し，各工事毎に特記仕様書を付加してこれに設計者が所要の事項を記入することにした．
7. この仕様書は JASS（Japanese Architectural Standard Specification）と略称し，章名の番号と併記して用語の簡明化を図った．

「建築工事標準仕様書（JASS）」は学術，技術の進歩，材料の改善に即応せしめて，絶えず改訂を行おうとするものであるから，本仕様書を使用された経験による御意見を本会に御寄せ願い，その完璧を期すことに特に御協力願いたい．

仕様書（第9次改定版）関係委員 (2018年1月現在)

―（五十音・敬称略）―

材料施工委員会本委員会

委員長　早川光敬
幹　事　橘高義典　輿石直幸　橋田　浩　山田人司
委　員　（略）

鉄骨工事運営委員会

主　査　田中　剛　（吹田啓一郎）
幹　事　犬伏　昭　桑原　進　山田丈富
委　員　新井　聡　五十嵐規矩夫　一戸康生　加賀美安男
　　　　（上平綱昭）　小林秀雄　（才木　潤）　（坂本眞一）
　　　　嶋　　徹　（鈴木励一）　宋　勇勲　高浦弘至
　　　　高野昭市　田中宏明　西山　功　原田幸博
　　　　松下眞治　松本由香　的場　耕　三村麻里
　　　　護　雅典　森岡研三　横田和伸　横田泰之

JASS 6 改定小委員会

主　査　田中　剛
幹　事　桑原　進　坂本眞一　松下眞治
委　員　五十嵐規矩夫　犬伏　昭　加賀美安男　上平綱昭
　　　　嶋　　徹　（吹田啓一郎）　原田幸博　松本由香
　　　　護　雅典　森岡研三　山田丈富

鉄骨製作小委員会

主　査　五十嵐規矩夫　（吹田啓一郎）
幹　事　嶋　　徹
委　員　新井　聡　石井　匠　犬伏　昭　加賀美安男
　　　　後藤和弘　高浦弘至　西尾啓一　蓮沼　聡
　　　　増田浩志　（村上卓洋）　米森　誠

溶接施工小委員会

主　査　松本由香

幹 事	的場 耕			
委 員	伊藤 浩資	小野 潤一郎	笠原 基弘	小林 光博
	坂本 眞一	佐々木 聡	(鈴木 励一)	中込 忠男
	(福田 浩司)	山田 浩二	山田 丈富	湯田 誠
	横田 和伸	横田 泰之	米森 信夫	

鉄骨精度測定小委員会

主 査	加賀美 安男			
幹 事	森岡 研三			
委 員	犬伏 昭	吉敷 祥一	多田 健次	(遠山 和裕)
	中島 泰明	西沢 淳	羽石 良一	藤田 哲也
	堀 望智大	護 雅典	油田 憲二	渡辺 忍

鉄骨超音波検査小委員会

主 査	原田 幸博			
幹 事	三村 麻里			
委 員	笠原 基弘	(上平 綱昭)	坂本 眞一	(佐藤 文俊)
	嶋 徹	高田 好秀	高野 昭市	中込 忠男
	中野 達也	服部 和徳	廣重 隆明	古舘 岳実
	堀 望智大	山本 弘嗣	横田 和伸	

鉄骨塗装工事ワーキンググループ

主 査	犬伏 昭			
幹 事	奥田 章子	米森 誠		
委 員	新井 聡	桑原 幹雄	近藤 照夫	蓮沼 聡
	(村上 卓洋)			

耐火被覆工事ワーキンググループ

主 査	犬伏 昭			
幹 事	関 清豪			
委 員	近藤 照夫	清水 玄宏	藤原 武士	米丸 啓介
協力委員	清水 朗	春田 浩司	松下 督	

(　　) 内は元委員

仕様書（第8次改定版）関係委員 (2015年1月)

―(五十音・敬称略)―

材料施工委員会本委員会
- 委員長　本橋　健司
- 幹　事　輿石　直幸　　橋田　　浩　　早川　光敬　　堀　　長生
- 委　員　(略)

鉄骨工事運営委員会
- 主　査　田中　　剛
- 幹　事　坂本　眞一　　松下　眞治
- 委　員　一戸　康生　　稲毛　正美　　岡田　久志　　加賀美安男
　　　　　上平　綱昭　　小林　秀雄　　嶋　　　徹　　吹田敬一郎
　　　　　鈴木　励一　　高浦　弘至　　高野　昭市　　滝本　悦郎
　　　　　西山　　功　　原田　幸博　　松本　由香　　護　　雅典
　　　　　森岡　研三　　山田　丈富　　横田　和伸　　横山　幸夫

鉄骨精度小委員会
- 主　査　加賀美安男
- 幹　事　森岡　研三
- 委　員　伊藤　拓海　　犬伏　　昭　　多田　健次　　遠山　和裕
　　　　　中島　泰明　　西沢　　淳　　羽石　良一　　藤田　哲也
　　　　　堀　望智大　　護　　雅典　　油田　憲二

仕様書（第 7 次改定版）関係委員 (2007 年 2 月)

―（五十音・敬称略）―

材料施工委員会本委員会

委　員　長　田　中　享　二
幹　　　事　中　山　　實　　桝　田　佳　寛　　松　井　　勇　　本　橋　健　司
委　　　員　（略）

鉄骨工事運営委員会

主　　　査　田　渕　基　嗣
幹　　　事　岡　田　久　志　　吹　田　啓一郎　　津　山　　巌
委　　　員　(青　柳　和　伴)　嵐　山　正　樹　　猪　砂　利　次　　小　野　徹　郎
　　　　　　倉　持　　貢　　(黒　川　剛　志)　甲　津　功　夫　　小　牧　知　紀
　　　　　　近　藤　照　夫　　嶋　　　　徹　　白　川　和　司　　鈴　木　励　一
　　　　　　清　野　　修　　田　川　泰　久　　田　中　　剛　　田　中　利　幸
　　　　　　千　代　一　郎　　寺　門　三　郎　　中　込　忠　男　　西　尾　啓　一
　　　　　　西　山　　功　　橋　田　知　幸　　橋　本　篤　秀　　(廣　田　　実)
　　　　　　(羽　山　眞　一)　(堀　　　直　志)　松　下　真　治　　護　　雅　典
　　　　　　山　田　丈　富　　吉　村　鉄　也

JASS 6 改定小委員会

主　　　査　田　渕　基　嗣
幹　　　事　岡　田　久　志　　吹　田　啓一郎　　津　山　　巌
委　　　員　近　藤　照　夫　　嶋　　　　徹　　杉　本　浩　一　　田　中　　剛
　　　　　　中　込　忠　男　　西　尾　啓　一　　橋　本　篤　秀　　松　下　真　治
　　　　　　護　　雅　典　　山　下　達　雄　　山　田　丈　富

鉄骨加工小委員会

主　　　査　岡　田　久　志
幹　　　事　吹　田　啓一郎
委　　　員　五十嵐　規矩夫　　石　井　　匠　　犬　伏　　昭　　(小　阪　　裕)
　　　　　　嶋　　　　徹　　多　賀　謙　蔵　　高　橋　泰　文　　寺　門　三　郎
　　　　　　西　尾　啓　一　　(藤　田　敏　明)　増　田　浩　志　　宮　田　智　夫
　　　　　　村　上　卓　洋　　山　田　丈　富

協力委員　青木雅秀　　伊藤善三　　上野清人　　岡　賢治
　　　　　　　　織茂博文　　甲田輝久　　後藤和正　　志村保美
　　　　　　　　田中　薫　　津田佳昭　　野林聖史　　早坂　浩
　　　　　　　　藤本信夫　　三村麻里　　宮野洋一　　森岡研三
　　　　　　　　八ツ繁公一

溶接小委員会

　　　主　　査　中込忠男
　　　幹　　事　田中　剛
　　　委　　員　（伊藤裕彦）　笠原基弘　　古賀郁夫　　小林光博
　　　　　　　　坂本眞一　　（杉本浩一）（高野倉正三）田渕基嗣
　　　　　　　　（辻井泰人）　長尾直治　　松下真治　　南　二三吉
　　　　　　　　山下達雄　　横田和伸　　米森信夫
　　　協力委員　青野弘毅　　市川祐一　　吉川　薫　　下川弘海
　　　　　　　　高橋恵一　　松村浩史　　村上　信　　山口忠政
　　　　　　　　山本長忠

鉄骨精度小委員会

　　　主　　査　護　雅典
　　　幹　　事　山田丈富
　　　委　　員　犬伏　昭　　内山晴夫　　岡田久志　　加賀美安男
　　　　　　　（菅野啓行）（熊倉吉一）　桑原　進　　小口　守
　　　　　　　　斉藤正則　（下川辺敏一）（須長憲一）遠山和裕
　　　　　　　　羽石良一　（春田康之）　藤田哲也　　牧野俊雄
　　　　　　　　森岡　徹

鉄骨非破壊検査小委員会

　　　主　　査　田中　剛
　　　幹　　事　倉持　貢
　　　委　　員　石井　匠　　石原完爾　　笠原基弘
　　　　　　　　上平網昭　　川口　淳　（工藤憲二）坂本眞一
　　　　　　　　嶋　　徹　　鈴木孝彦　　津山　巖　　中込忠男
　　　　　　　　橋田知幸　　藤本信夫

溶接施工管理ワーキンググループ

主　査	田渕 基嗣	
幹　事	津山 巖	
委　員	石原 完爾　　市川 祐一　　倉持 貢　　田中 剛		
	千代 一郎　　中込 忠男　　長友 和男　　西山 功		
	（服部 和徳）　松下 真治　　和田 陽		

塗装・耐火ワーキンググループ

主　査	近藤 照夫
委　員	岩見 勉　　大貫 寿文　　猪方 孝一郎　慶伊 道夫
	関 清豪　　永田 順一郎　藤 雅史　　　松本 英一郎
	松本 一男　　油田 憲二

（　）内は元委員

仕様書（第6次改定版）作成関係委員 (1996年2月)

―（五十音順・敬称略）―

材料施工委員会本委員会

委員長	上村 克郎
幹　事	高橋 泰一　　友澤 史紀　　中根 淳
委　員	（略）

鉄骨工事運営委員会

主　査	橋本 篤秀
幹　事	守谷 一彦　　山下 達雄
委　員	青木 博文　　東 武史　　　泉 満　　　　宇留野 清
	大嶋 正昭　　岡松 眞之　　木村 衛　　　越田 和憲
	近藤 照夫　　清水 豊和　　須古 将昭　　田極 義明
	田中 淳夫　　津山 巖　　　寺門 三郎　　照沼 弘
	中込 忠男　　濱野 公男　　真喜志 卓　　松岡 盛幸
	松崎 博彦　　松下 真治　　松原 哲朗　　宮野 友明
	護 雅典　　　森田 耕次　　矢部 喜堂

仕様書（第5次改定版）作成関係委員 (1993年2月当時)

―（五十音・敬称略）―

材料施工委員会本委員会

委員長　上村克郎
幹　事　中根　淳　　馬場明生
委　員　（略）

鉄骨工事運営委員会

主　査　橋本篤秀
幹　事　守谷一彦　　山下達雄
委　員　青木博文　　東　武史　　泉　　満　　宇留野　清
　　　　大嶋正昭　　岡松眞之　　木村　衛　　越田和憲
　　　　近藤照夫　　清水豊和　　須古将昭　　田極義明
　　　　田中淳夫　　津山　巌　　寺門三郎　　照沼　弘
　　　　中込忠男　　濱野公男　　真喜志　卓　　松岡盛幸
　　　　松崎博彦　　松下真治　　松原哲朗　　宮野友明
　　　　護　雅典　　森田耕次　　矢部喜堂

仕様書（第4次改定版）作成関係委員 (1991年2月当時)

―（五十音順・敬称略）―

材料施工委員会

委員長　小池迪夫
幹　事　石井一夫　　馬場明生
委　員　（略）

鉄骨工事運営委員会

主　査　羽倉弘人
幹　事　橋本篤秀
委　員　浅井浩一　　泉　　満　　伊東八六　　掛貝安雄
　　　　佐藤邦昭　　須古将昭　　高田十治　　田中淳夫

照沼　　弘　　内藤龍夫　　夏目光尋　　林　栄一
北後　　寿　　真喜志　卓　　松井輝雄　　松岡利昭
松崎博彦　　森田耕次　　守谷一彦　　山下文生

仕様書（第3次改定版）作成関係委員 （昭和63年5月当時）

―（五十音順・敬称略）―

材料施工委員会

　　委員長　岸谷孝一
　　幹　事　上村克郎　　小池迪夫
　　委　員　（略）

鉄骨工事運営委員会

　　主　査　羽倉弘人
　　幹　事　橋本篤秀
　　委　員　浅井浩一　　泉　　満　　伊東八六　　掛貝安雄
　　　　　　佐藤邦昭　　須古将昭　　高田十治　　田中淳夫
　　　　　　照沼　弘　　内藤龍夫　　夏目光尋　　林　栄一
　　　　　　北後　寿　　真喜志　卓　　松井輝雄　　松岡利昭
　　　　　　松崎博彦　　森田耕次　　守谷一彦　　山下文生

仕様書（第2次改定版）作成関係委員 （昭和57年10月当時）

―（五十音順・敬称）―

材料施工委員会

　　委員長　白山和久
　　幹　事　今泉勝吉　　岸谷孝一　　仕入豊和
　　委　員　（略）

第5分科会（鉄骨工事関係）

　　主　査　羽倉弘人
　　幹　事　橋本篤秀　　日野康夫

委　　員	青江　喜一	浅井　浩一	五十嵐　定義	上野　　修
	上野　　誠	海野　三蔵	加藤　　勉	掛貝　安雄
	国本　忠利	佐々木一夫	佐藤　邦昭	瀬川　昌弥
	田中　淳夫	田辺　邦彦	高田　十治	寺門　三郎
	藤本　盛久	藤盛　紀明	古沢　平夫	北後　　寿
	細井　　威	松崎　博彦	松下　一郎	松下　冨士雄
	松本　正己	森田　耕次	山下　文生	

仕様書（第1次改定版）作成関係委員 （昭和42年6月当時）

―（五十音順・敬称略）―

材料施工委員会

相　談　役	下元　　連		
委　員　長	吉田　辰夫		
幹　　事	大島　久次	波多野一郎	森　　徹
委　　員	（略）		

第5分科会（JASS 6担当）

主　　査	石黒　徳衞			
幹　　事	有安　　久	松下　冨士雄		
委　　員	青江　喜一	上野　　誠	加藤　　勉	掛貝　安雄
	川本　邦士	佐藤　邦昭	田中　　亮	堤　　清平
	野村　　彬	羽倉　弘人	藤本　盛久	北後　　寿
	牧野　　稔	吉本　昌一		

仕様書作成関係委員 （昭和28年11月当時）

―（五十音順・敬称略）―

JASS 6担当第5分科会

主　　査	酒井　　勉			
幹　　事	安達　嘉一	竹川　　渉		
委　　員	相川　新一	石黒　徳衞	遠藤　　清	甲斐　　登

仲　威雄　　信濃　鼎　　甲野繁夫　　岸川善二
本多次郎　　鶴田　明　　田中正蔵　　田中五郎
中山孝廉　　　　　　　　　　　　　　星野昌一
斎藤祐義　　佐藤健二　　大場陽三　　梅主俊次　　臨時委員
　　　　　　木村蔵司　　加藤正夫　　宮崎雄一郎
　　　　　　杉本安次郎　藤井清隆　　田島春緑

建築工事標準仕様書

JASS 6　鉄骨工事

目　次

1節　総　則　　　　　　　　　　　　　　　　　　　　　　　　　　　　　　　ページ
- 1.1　適用範囲および原則 …………………………………………………………… 1
- 1.2　用　語 …………………………………………………………………………… 1
- 1.3　一般事項 ………………………………………………………………………… 5

2節　品質マネジメント
- 2.1　品質マネジメントの原則 ……………………………………………………… 7
- 2.2　施工者の品質マネジメント …………………………………………………… 7
- 2.3　鉄骨製作業者の品質マネジメント …………………………………………… 7
- 2.4　工事現場施工の品質マネジメント …………………………………………… 8

3節　材　料
- 3.1　鋼　材 …………………………………………………………………………… 9
- 3.2　ボルト等 ………………………………………………………………………… 10
- 3.3　溶接材料 ………………………………………………………………………… 11
- 3.4　材料試験および溶接性試験 …………………………………………………… 12
- 3.5　材料の購入，受入れおよび保管 ……………………………………………… 12

4節　工　作
- 4.1　工作図と現寸 …………………………………………………………………… 13
- 4.2　鋼製巻尺 ………………………………………………………………………… 13
- 4.3　テープ合わせ …………………………………………………………………… 13
- 4.4　加工後の鋼材の識別 …………………………………………………………… 13
- 4.5　けがき …………………………………………………………………………… 14
- 4.6　切断・切削加工 ………………………………………………………………… 14
- 4.7　開先加工 ………………………………………………………………………… 15
- 4.8　スカラップ加工 ………………………………………………………………… 15
- 4.9　孔あけ加工 ……………………………………………………………………… 16
- 4.10　摩擦面の処理 ………………………………………………………………… 17
- 4.11　ひずみの矯正 ………………………………………………………………… 17

4.12	曲げ加工	18
4.13	組立て	18
4.14	仮組	19
4.15	付属金物類	20
4.16	ピンおよびローラ	20
4.17	機器の保守点検	20
4.18	安全・衛生	20

5節 溶接

5.1	適用範囲	21
5.2	溶接方法の承認	21
5.3	溶接技術者	21
5.4	溶接技能者および溶接オペレータ	22
5.5	溶接材料	22
5.6	開先の確認および母材の清掃	23
5.7	溶接施工一般	23
5.8	完全溶込み溶接	26
5.9	隅肉溶接	27
5.10	部分溶込み溶接	27
5.11	エレクトロスラグ溶接	28
5.12	スタッド溶接	28
5.13	溶接部の補修	28

6節 高力ボルト接合

6.1	高力ボルト	30
6.2	高力ボルトの取扱い	31
6.3	接合部の組立て	32
6.4	高力ボルトの締付け	32
6.5	締付け施工法の確認	37
6.6	締付け後の検査	37
6.7	トルシア形超高力ボルト	39

7節 ボルト接合

7.1	適用範囲	40
7.2	ボルト	40
7.3	接合部の組立ておよびボルト締め	41

  7.4 締付け後の検査 ……………………………………………………………………… 41

8 節 塗 装

  8.1 適用範囲 ………………………………………………………………………………… 43
  8.2 塗料および工法 ………………………………………………………………………… 43
  8.3 検査および補修 ………………………………………………………………………… 45

9 節 溶融亜鉛めっき工法

  9.1 溶融亜鉛めっきの種類と品質 ………………………………………………………… 46
  9.2 めっきする部材の計画および製作 …………………………………………………… 46
  9.3 めっき作業 ……………………………………………………………………………… 47
  9.4 めっき部材の矯正，検査および補修 ………………………………………………… 47
  9.5 溶融亜鉛めっき高力ボルト接合 ……………………………………………………… 48
  9.6 めっき部材の溶接 ……………………………………………………………………… 50
  9.7 めっき構造物の施工 …………………………………………………………………… 50

10 節 検 査

  10.1 一般事項 ………………………………………………………………………………… 51
  10.2 社内検査 ………………………………………………………………………………… 52
  10.3 中間検査 ………………………………………………………………………………… 52
  10.4 受入検査 ………………………………………………………………………………… 52
  10.5 工事現場での検査 ……………………………………………………………………… 56

11 節 発 送

  11.1 製品の仕分け …………………………………………………………………………… 57
  11.2 輸送計画および発送 …………………………………………………………………… 57

12 節 工事現場施工

  12.1 適用範囲 ………………………………………………………………………………… 58
  12.2 鉄骨工事計画と管理 …………………………………………………………………… 58
  12.3 定 着 ……………………………………………………………………………… 58
  12.4 建 方 ……………………………………………………………………………… 60
  12.5 建方精度 ………………………………………………………………………………… 61
  12.6 工事現場接合 …………………………………………………………………………… 62
  12.7 デッキプレートと頭付きスタッド …………………………………………………… 63
  12.8 他工事に付随する溶接 ………………………………………………………………… 65

13 節　耐火被覆

 13.1 耐火被覆の範囲および性能 …………………………………………………… 66

 13.2 材料および施工 ………………………………………………………………… 66

 13.3 検査および補正 ………………………………………………………………… 66

14 節　特記仕様書項目 ……………………………………………………………………… 68

付則
- 1. ……………………………………………………………………………… (欠番)
- 2. ……………………………………………………………………………… (欠番)
- 3. ……………………………………………………………………………… (欠番)
- 4. ……………………………………………………………………………… (欠番)
- 5. 完全溶込み溶接・部分溶込み溶接の開先標準 ………………………… 73
- 6. 鉄骨精度検査基準 …………………………………………………………… 80
- 7. 寸法精度受入検査基準 ……………………………………………………… 102
- 8. 完全溶込み溶接に用いる開先の承認試験 ………………………………… 104

JASS 6 鉄骨工事

日本建築学会建築工事標準仕様書

JASS 6 鉄骨工事

1節 総　則

1.1 適用範囲および原則
a. 本仕様書は，日本に建設される建築物および工作物の構造上主要な部材に鋼材を用いる工事に適用する．ただし，軽微なものについては，特記によりその一部を適用しないことができる．
b. 建築工事に共通な一般事項についてはJASS 1「一般共通事項」による．ただし，JASS 1と内容が矛盾する場合は，鉄骨工事においてはJASS 6を優先する．
c. 本仕様書に採用したほかの規格，基準類の規定は，本仕様書と同等の効力があるものとする．ただし，それらの規定が本仕様書の規定と異なる場合は，法令およびそれに基づく基準などの場合を除き，本仕様書の規定を優先して適用する．
d. 本仕様書の適用にあたっては，14節「特記仕様書項目」の項に示す特記項目のうち，必要な事項を定めなければならない．必要な特記項目で特記がない場合，または疑義が生じた場合は，JASS 1の1.4「疑義」により工事監理者と協議する．
e. 特別な調査・研究等に基づく仕様を適用して本仕様書の全部もしくは一部を適用しない場合は，工事監理者の承認を得る．

1.2 用　語
本仕様書に用いる用語を次のように定める．

鉄　　　骨　　建築物および工作物の構造上主要な部材に構造用鋼材を用いるもので，工事現場において建方・施工中の状態および建方・施工の完了状態のものをいう．広義には鉄骨製品を含むこともある．

鉄 骨 工 事　　鉄骨の製作・施工に関連するすべての行為をいう．

鉄 骨 製 品　　製作工場において製作を完了した鉄骨部材をいう．ただし，加工製品または製品と呼称する場合もある．

施　　　主　　建物の建築主，建築施工の依頼人をいう．

設　計　者　　施主の依頼を受けて，設計図書を作成する者をいう．

設 計 者 ら　　施主と設計者の両者をまとめていう．

設 計 図 書　　設計図・仕様書・現場説明書および質問回答書をいう．

工 事 監 理 者　　民間（旧四会）連合協定「工事請負契約約款」にいう監理者またはその代理人もしくはそれらが委任する者をいい，図1.1に示す役割を担う者をいう．

施　工　者　　　工事請負契約書に記載されている請負者またはその代理人もしくはそれらが委任する現場代理人などをいい，図1.1に示す役割を担う者をいう．

協　力　業　者　　施工者との契約に基づいて，鉄骨工事の一部を担当する者をいう．

鉄骨製作業者　　協力業者のうち，鉄骨製品の製作および工事現場施工の一部を担当するものをいい，図1.1に示す役割を担う者をいう．

施　工　者　ら　　施工者と鉄骨製作業者の両者をまとめていう．

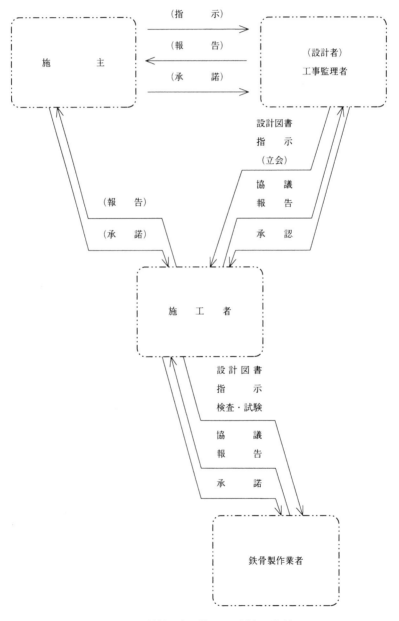

図1.1　鉄骨工事に携わる関係者の役割

1節 総 則 — 3 —

製 作 工 場	鉄骨製作業者が鉄骨製品を製作する工場をいう．
品 質 マネジメント	設計図書で要求される鉄骨品質のつくり込みに関して，施工者・鉄骨製作業者のそれぞれの組織およびこれらの共同体としての組織を指揮し，管理するための体系的な活動をいう．品質マネジメントには，品質方針，品質目標の設定，品質計画，品質管理，品質保証および品質改善を含む．
品 質 管 理	設計図書で要求される鉄骨品質を満たすことに焦点を合わせた品質マネジメントの一部をいう．
品 質 保 証	設計図書で要求される鉄骨品質が満たされるという確信を与えることに焦点を合わせた品質マネジメントの一部をいう．
設 計 品 質	施主・設計者が施工の目標として設計図書で定めた性能・仕様をいう．
施 工 品 質	設計品質を満足するように施工した鉄骨の実際の品質をいう．
指 示	工事監理者が施工者に，施工者が協力業者に，設計図書に従って調査・立案または製作・施工すべき事項を文書や口頭で示し，実施を求めることをいう．なお，指示は命令とほぼ同一の意味で使用するものであり，指示する者は内容に対して責任を有し，指示を受ける者はこれに従う義務がある．
協 議	施工者が工事監理者に，協力業者が施工者に，設計図書および指示に従って調査・立案した内容を示し，討議により結論を得ることをいう．
報 告	施工者が工事監理者に，協力業者が施工者に，設計図書および指示に従って製作・施工した内容を告げることをいう．なお，報告には，口頭による場合，記録・証明書などの必要書類を提出する場合，あるいは提示する場合の3種類の方法がある．
承 認	工事監理者が契約関係にない施工者に対し，報告および協議の内容を了承することをいう．
承 諾	施工者が契約の当事者である協力業者に対し，報告および協議の内容を了承することをいう．
検 査	施工者・協力業者が工事の各段階で，技術・技能・材料・機器・方法手段・条件，または工事の品質・出来形などを，設計図書およびそれに準ずる施工図・施工計画書などの内容と照合して，その適合性を調べ，適否の判断を下すことをいう．
試 験	検査・確認の目的で，材料の機械的性質・溶接性，溶接部の健全性・機械的性質および溶接技能者の技量などを調べることをいう．
立 会	施工者・協力業者がその責任において行う施工・試験・検査などの行為に対して，過程および結果を同席して見届ける工事監理者の行為をいう．
社 内 検 査	鉄骨製作業者が製作の途上および完了段階で自主的に行う検査をいう．
中 間 検 査	施工者が行う検査のうち，製作途上の材料・鉄骨部材に対して行う検査をいう．
受 入 検 査	施工者が行う検査のうち，工場製作の完了した部材を受け入れるにあたって行う検査をいう．

製品検査	製作工場において製作を完了した部材に対して行う検査をいい，鉄骨製作業者による社内検査および施工者による受入検査に分けて行う．
購入品	鋼材・高力ボルト・ボルト・頭付きスタッド・ターンバックル・アンカーボルト・溶接材料・塗料などの工業製品をいう．なお，工業製品とは，おのおのの規格・生産管理下で工業的に生産されるもので，鋼材の加工・組立て・溶接を主な作業範囲とする鉄骨製作業者の一般的な生産能力によって生産不可能なものをいう．
外注品	鉄骨製作業者の適正な管理下において，同業者または中間部品加工業者に発注して製作した鉄骨製品の一部となる中間加工部品をいい，鉄骨製作業者の一般的な製作能力で製作可能な部材の一部を当該鉄骨製作業者以外で製作したものをいう．
購入品検査	社内検査のうち，鉄骨製作業者が購入品を受け入れる際に実施する検査をいう．
外注品検査	社内検査のうち，鉄骨製作業者が外注品を受け入れる際に実施する検査をいう．
JIS規格適合品	製造業者がJIS規格に適合していることを保証した製品であって，その製品または荷札などに種類の記号（例えばSN400B）を表示し，かつ規格品証明書が添付されている製品をいう．
国土交通大臣認定品	建築基準法第37条の規定に基づき，指定建築材料として国土交通大臣の認定を取得した製品をいう．
製品証明書	製品の製造業者または加工・販売業者が，出荷状態において，その製品の品質を自社工程の責任の範囲内で証明する明細書で，製造業者などで発行する証明書の総称をいう．これは，発行する業者により規格品証明書と原品証明書に区分される．
規格品証明書	JIS，その他の団体などの公的に認知された規格があり，その報告規定に基づいて製造業者が発行する証明書，もしくは国土交通大臣認定品に適合することを証明する書類で，社名・捺印のあるものをいう．
原本相当規格品証明書	規格品証明書の原本のコピー，または前工程で発行された原本相当規格品証明書をコピーしたものに，当該工程の業者が現品との照合を実施して当該鋼材と整合していることを証明したものをいう．本証明書には，当該工程の業者名・社印およびその日付が必要である．
原品証明書	規格品証明書（原本相当規格品証明書も含む）の付いている鋼材の切断・切削・孔あけなどの中間加工を施す業者，あるいは一般流通業者（問屋）が少量販売する鋼材に付して発行する証明書をいう．自社工程で付加した工程の品質内容（寸法・形状・数量・現品の納入状態など）の記載のほか，前工程で証明された現品の規格名・証明書番号・製造業者名・溶鋼番号などを必要に応じて転記する．本証明書には，日付および当該業者名・社印が必要である．

1.3 一般事項

a. 施工者らの品質マネジメント

施工者らは，鉄骨の施工品質を保証するため，すべての工程において品質管理を行う．その責任者として，工事監理者の承認を得た担当技術者またはその代理人をおく．

b. 鉄骨製作業者の選定

（1） 鉄骨製作業者の選定は特記による．特記のない場合，鉄骨工事の規模，加工内容に対して十分な技術と設備を持ち，有効な品質マネジメントシステムを備えた製作工場を保有する鉄骨製作業者を選定し，工事監理者の承認を受ける．

（2） 鉄骨製作業者の品質マネジメントに疑義が生じた場合，工事監理者は当事者と必要な措置について協議する．

c. 工法の選定および提出書類

（1） 設計図書に記載のない施工の手段，手法については，施工者らの責任において決定する．

（2） 設計図書に記載のある施工の手段，手法については，これによる．ただし，設計品質を満たす上でこれが諸条件に適さず，またはこれに代わるより良い手段，手法がある場合は，施工者らの責任において立案し工事監理者と協議して，最適の手段，手法を選定する．

（3） 施工者らは，工事着手前に施工計画書，工場製作要領書，工事現場施工要領書，工程表などを作成し，工事監理者の承認を受ける．

（4） 工事監理者の承認を受ける施工計画書などには，次の項目のうち，契約に基づいて実施する事項について明記する．

施工計画書
1. 総則
2. 工事概要
3. 工事担当および組織
4. 仮設計画
5. 要員計画
6. 建方計画
7. 接合計画
8. 品質管理，検査
9. 他工事との関連
10. 安全管理

工場製作要領書
1. 総則
2. 工事概要
3. 工場組織
4. 材料
5. 工作，溶接

6. 品質管理,検査

7. その他

工事現場施工要領書

1. 総則

2. 工事概要

3. 工事現場組織

4. 建方作業

5. 高力ボルト接合作業

6. 溶接接合作業

7. 安全管理

d. 受入検査の実施

受入検査の種類および要領などは,設計者らの特記および施工者の要求仕様による.特記のない場合は,10節「検査」の規定による.

2節　品質マネジメント

2.1　品質マネジメントの原則
a.　鉄骨の品質保証
（1）　施工者らは，自らの役割に応じて鉄骨を品質保証しなければならない．
（2）　鉄骨の品質を確実なものにするため，施工者らは工事監理者と互いに協力し，それぞれに分担された役割を果たさなければならない．
（3）　施工者らは，設計者が定めた設計品質に従い，工事監理者の協力のもとで施工品質を保証する．
（4）　施工品質の保証は，品質マネジメントの一部として施工段階の各工程での品質管理によって行う．

b.　施工品質の保証
　　施工品質を保証するためには，次の4段階で所要の内容を履行しなければならない．
（1）　設計品質の把握および確認
（2）　設計品質を満たすための品質計画
（3）　品質計画による継続的な施工の証明
（4）　施工品質が設計品質を満たしていることの証明

2.2　施工者の品質マネジメント
（1）　施工者は，品質マネジメントを行うための有効な組織運用システムを確立し，運用する．その際，鉄骨製作業者の運用する品質マネジメントシステムを反映させる．
（2）　施工者は，施工計画書・工事現場施工要領書に従い，工場製作および工事現場施工の品質管理を行う．
（3）　施工者は，品質マネジメントの実施状況の妥当性を必要に応じて工事監理者に証明しなければならない．施工計画書・工事現場施工要領書に従って，証明に必要な記録を保管・管理する．

2.3　鉄骨製作業者の品質マネジメント
a.　品質マネジメントシステム
　　鉄骨製作業者は，次の機能をもった品質マネジメントシステムを確立し，運用しなければならない．また，このシステムは，品質マネジメントシステム図などで明示する．
（1）　品質方針を明示する機能
（2）　設計品質の把握および確認を行い，品質目標を設定する機能

(3) 設計品質を満たすための品質計画を行う機能
(4) 品質計画に従って鉄骨製品をつくり込む機能
(5) 施工品質を検査・検証する機能
(6) 検査・検証情報に基づき品質改善を行う機能
(7) 標準化を進める機能
(8) 予防処置を行う（不適合を予防する）機能
(9) 是正処置を行う（不適合の再発を防止する）機能
(10) 品質保証に必要な記録を保管，管理する機能

b. 品質マネジメント実施内容

(1) 設計品質の把握および確認

鉄骨製作業者は工事着手に先立ち，施工者から示された設計図書，契約書などの工事関係書類から，設計品質を正しく把握しなければならない．設計品質の内容を理解できない場合や，設計図書の不整合など疑義を生じた場合は，質疑書を提出して確認する．

(2) 品質計画

鉄骨製作業者は工事着手に先立ち，設計品質を満たすため，製品に対する品質目標，試験方法・検査方法・検証方法・合否判定基準，不適合製品の手直し方法などを計画しなければならない．特記があれば計画の内容を記載した品質計画書を施工者に提出し，工事監理者の承認を受ける．

(3) 施工品質の保証

鉄骨製作業者は，品質計画に基づいて品質管理を行い，個々の工程において製品に不適合がないことを確認する．特に，製作を完了した製品は社内検査を実施し，品質を検証する．不適合が認められた場合は，すみやかに手直しを行うとともに，不適合発生の真の原因を究明して是正処置（不適合の再発を防止する処置）を講じる．重大な不適合については，工事監理者と協議しなければならない．

(4) 記録・報告

鉄骨製作業者は，工場製作要領書または品質計画書に従って品質マネジメントの実施結果を記録し，必要に応じて報告書にまとめ，施工者に提出する．

2.4 工事現場施工の品質マネジメント

工事現場施工に関わる施工者および協力業者の品質マネジメントは，2.3「鉄骨製作業者の品質マネジメント」に準じる．

3節　材　　料

3.1　鋼　　材

a.　構造用鋼材

（1）　構造用鋼材は，表 3.1 に示す JIS 規格適合品または国土交通大臣認定品とし，その種類は特記による．

表 3.1　構造用鋼材の JIS 規格

規　格	名　称　お　よ　び　種　類
JIS G 3136	建築構造用圧延鋼材 SN400A，SN400B，SN400C，SN490B，SN490C
JIS G 3101	一般構造用圧延鋼材 SS400，SS490，SS540
JIS G 3106	溶接構造用圧延鋼材 SM400A，SM400B，SM400C，SM490A，SM490B，SM490C，SM490YA，SM490YB，SM520B，SM520C
JIS G 3114	溶接構造用耐候性熱間圧延鋼材 SMA400AW，SMA400BW，SMA400CW，SMA490AW，SMA490BW，SMA490CW，SMA400AP，SMA400BP，SMA400CP，SMA490AP，SMA490BP，SMA490CP
JIS G 3350	一般構造用軽量形鋼 SSC400
JIS G 3353	一般構造用溶接軽量 H 形鋼 SWH400，SWH400L
JIS G 3475	建築構造用炭素鋼鋼管 STKN400W，STKN400B，STKN490B
JIS G 3444	一般構造用炭素鋼鋼管 STK400，STK490
JIS G 3466	一般構造用角形鋼管 STKR400，STKR490
JIS G 5101	炭素鋼鋳鋼品 SC480
JIS G 5102	溶接構造用鋳鋼品 SCW410，SCW480
JIS G 5201	溶接構造用遠心力鋳鋼管 SCW410-CF，SCW480-CF，SCW490-CF
JIS G 3352	デッキプレート SDP1T，SDP1TG，SDP2，SDP2G，SDP3，SDP4，SDP5，SDP6
JIS G 3138	建築構造用圧延棒鋼 SNR400A，SNR400B，SNR490B

(2) 上記(1)に該当しない構造用鋼材を使用する場合は，特記による．
(3) 該当する規格に規定されていない性能を特別に規定する場合は，特記による．
(4) 構造用鋼材は，有害な欠陥のないものとする．

b. 構造用鋼材の形状および寸法
(1) 構造用鋼材の形状および寸法は，表3.2に示すJIS規格に適合したものとする．
(2) 表3.2に示す構造用鋼材の形状および寸法で，特に指定する場合は，特記による．
(3) 形状規格の存在しない溶接組立形鋼，軽量形鋼，デッキプレートなどの形状および寸法は，特記による．その許容差は，付則6「鉄骨精度検査基準」に従うものとする．同基準に定めのない事項および特に定める事項については，特記による．

表3.2 構造用鋼材の形状および寸法のJIS規格

規格	名称
JIS G 3136	建築構造用圧延鋼材
JIS G 3191	熱間圧延棒鋼及びバーインコイルの形状，寸法，質量及びその許容差
JIS G 3192	熱間圧延形鋼の形状，寸法，質量及びその許容差
JIS G 3193	熱間圧延鋼板及び鋼帯の形状，寸法，質量及びその許容差
JIS G 3194	熱間圧延平鋼の形状，寸法，質量及びその許容差
JIS G 3350	一般構造用軽量形鋼
JIS G 3353	一般構造用溶接軽量H形鋼
JIS G 3475	建築構造用炭素鋼鋼管
JIS G 3444	一般構造用炭素鋼鋼管
JIS G 3466	一般構造用角形鋼管
JIS G 3352	デッキプレート

3.2 ボルト等

(1) 高力ボルト，ボルト，頭付きスタッド，ターンバックルおよびアンカーボルトは，表3.3に示すJIS規格適合品または国土交通大臣認定品とし，その種類は特記による．

表3.3 ボルト等のJIS規格

規格	名称および種類
(高力ボルトのセット)	
JIS B 1186	摩擦接合用高力六角ボルト・六角ナット・平座金のセット 2種(A, B)：ボルトF10T, ナットF10, 座金F35
JSS[*1] II 09	構造用トルシア形高力ボルト・六角ナット・平座金のセット[*2] ボルトS10T, ナットF10, 座金F35

(ボルト・ナット・座金)
  JIS B 1180　　　　六角ボルト
         種　　　類：並形六角ボルト（附属書JA*³）
         材 料 区 分：鋼
         強 度 区 分：4.6, 4.8, 5.6, 5.8, 6.8（JIS B 1051）
         ねじの種類：メートル並目ねじ（JIS B 0205）
         ねじの等級：6g（JIS B 0209）
         仕上げ程度：中
  JIS B 1181　　　　六角ナット
         種　　　類：並形六角ナット（附属書JA*³）
         形状の種類：1種または2種
         材 料 区 分：鋼
         強 度 区 分：5T, 6T（附属書JB）
         ねじの種類：メートル並目ねじ（JIS B 0205）
         ねじの等級：6H（JIS B 0209）
         仕上げ程度：中
  JIS B 1251　　　　ばね座金
         2号（一般用）
  JIS B 1256　　　　平座金
         並　丸
(頭付きスタッド)
  JIS B 1198　　　　頭付きスタッド
(ターンバックル)
  JIS A 5540　　　　建築用ターンバックル
         種類：羽子板ボルト（S），両ねじボルト（D）
  JIS A 5541　　　　建築用ターンバックル胴
         種類：割わく式（ST）またはパイプ式（PT）
(アンカーボルト)
  JIS B 1220　　　　構造用両ねじアンカーボルトセット

[注]　*1：日本鋼構造協会規格
　　　*2：建築基準法第37条に基づく国土交通大臣の認定を必要とする製品
　　　*3：鉄骨工事では，JIS B 1180, JIS B 1181の附属書に記載されたものが流通し，使用されている．

（2）上記（1）に該当しない高力ボルト，ボルト，頭付きスタッド，ターンバックルおよびアンカーボルトを使用する場合は，特記による．

（3）建方用アンカーボルトの材質は，特に定めない．形状・寸法は特記による．

3.3　溶接材料

（1）溶接材料は，表3.4に示すJIS規格適合品のうち，母材の種類，寸法および溶接条件に適したものとする．

表 3.4 溶接材料の JIS 規格

規　格	名　　称
JIS Z 3211	軟鋼，高張力鋼及び低温用鋼用被覆アーク溶接棒
JIS Z 3214	耐候性鋼用被覆アーク溶接棒
JIS Z 3312	軟鋼，高張力鋼及び低温用鋼用のマグ溶接及びミグ溶接ソリッドワイヤ
JIS Z 3313	軟鋼，高張力鋼及び低温用鋼用アーク溶接フラックス入りワイヤ
JIS Z 3315	耐候性鋼用のマグ溶接及びミグ溶接用ソリッドワイヤ
JIS Z 3320	耐候性鋼用アーク溶接フラックス入りワイヤ
JIS Z 3183	炭素鋼及び低合金鋼用サブマージアーク溶着金属の品質区分
JIS Z 3351	炭素鋼及び低合金鋼用サブマージアーク溶接ソリッドワイヤ
JIS Z 3352	サブマージアーク溶接及びエレクトロスラグ溶接用フラックス
JIS Z 3353	軟鋼及び高張力鋼用のエレクトロスラグ溶接ワイヤ及びフラックス

（2）上記（1）に該当しない溶接材料を用いる場合は，特記による．

3.4　材料試験および溶接性試験

（1）表 3.1，3.3，3.4 に示す JIS 規格適合品または国土交通大臣認定品の材料で，製品証明書（規格品証明書または原品証明書）が添付されているものは，材料試験および溶接性試験を行わなくてよい．

（2）前項の製品証明書が添付されている材料で，特に材料試験または溶接性試験を行う場合は，その試験項目および試験方法は特記による．ただし，すでに行われた試験の結果により，工事監理者が支障のないものと認めた場合には，この試験を省略することができる．

（3）材料試験および溶接性試験は，工事監理者の承認する試験所で行う．

3.5　材料の購入，受入れおよび保管

（1）材料の購入にあたっては，適正な管理を行っている材料供給者を選定する．

（2）材料の種類，形状および寸法は規格品証明書の原本，もしくは原本相当規格品証明書によって現品と照合する

（3）鋼材の現品に規格名称や種類の区分などが表示され，鋼種が確実に識別できるものについては，規格品証明書の代わりに原品証明書を用いることができる．

（4）材料は，はなはだしいさび，表面きずなどの有害な表面欠陥，曲がり，ねじれなどの変形がないことを確認する．

（5）材料は，規格の異なるものや不適合品が混入しないように整理し，良好な状態で保管する．

（6）保管にあたっては，現品の識別が可能な処置を講じる．

4節 工　　作

4.1　工作図と現寸

a.　工　作　図
 （1）　工作図の作成にあたって，施工者は製作工程に支障のないよう時間的に十分な余裕をもって，鉄骨製作業者に必要な指示書を出す．
 （2）　施工者は，設計図書に基づいて設計仕様を正しく織り込んだ工作図を鉄骨製作業者に作成させ，施工性や構造細部の納まりを確認したのち，工事監理者の承認を受ける．
 （3）　工作図の承認日は，工事監理者と協議の上，決定する．
 （4）　工作図は設計図書に代わって製作・建方に対する指示書的役割を果たすもので，下記に示した内容を具備していることを原則とする．
 　　ⅰ）鉄骨の伏図，軸組図，部材リストなど．
 　　ⅱ）鉄骨部材の詳細な形状，寸法，部材符号，製品符号，製品数量，鋼種など．
 　　ⅲ）溶接および高力ボルト接合部の形状，寸法，継手符号，ボルトの種類・等級など．
 　　ⅳ）設備関連付属金物，鉄筋孔，仮設金物，ファスナ類など．

b.　現　　寸
 （1）　現寸では，工場製作に必要な定規（シナイ）や型板（フィルム），またはNC（数値制御）情報などを作成するものとし，工作図の情報を正確にこれらに変換する．
 （2）　現寸などによる確認を行う場合には，その時期，方法，内容などは特記による．

4.2　鋼製巻尺
（1）　鉄骨製作用鋼製巻尺は，JIS B 7512（鋼製巻尺）の1級品を使用する．
（2）　工場製作の各工程において使用する鋼製巻尺は，工場製作用基準鋼製巻尺と照合し，その誤差を確認する．確認時の張力は巻尺に指定された所定の張力とする．

4.3　テープ合わせ
（1）　工場製作用基準鋼製巻尺と工事現場用鋼製巻尺のテープ合わせ（長さ比較）を行う場合は，特記による．
（2）　テープ合わせを行う場合の張力は，巻尺に指定された所定の張力とする．

4.4　加工後の鋼材の識別
（1）　切断加工後の鋼材は，塗色や記号表示などにより鋼種の識別を行う．
（2）　鋼材には，工事名称が明確となるような略号などを記す．

4.5 けがき

(1) けがきは，工作図または定規・型板などにより，後の工程で必要となる事項を正確かつ明瞭に記す．

(2) 490 N/mm² 級以上の高張力鋼および曲げ加工される 400 N/mm² 級鋼などの軟鋼の外面には，ポンチ・たがねなどによる打こん（痕）を残してはならない．ただし，切断，孔あけ，溶接などにより除去される場合は，この限りでない．

(3) けがき寸法は，製作中に生じる収縮，変形および仕上げ代を考慮した値とする．

4.6 切断・切削加工

(1) 鋼材の切断は，機械切断法・ガス切断法・プラズマ切断法・レーザ切断法などにより，鋼材の形状，寸法に合わせて最適な方法で行う

(2) ガス切断する場合は，原則として，自動ガス切断機を用いる．

(3) 部材自由端部の切断面の精度は，特記による．ただし，特記のない場合は表 4.1 とする．

表 4.1 切断面の粗さおよびノッチ深さ

粗さ	100 μmRz 以下
ノッチ深さ	1 mm 以下

(4) 切断面において，前項の精度が確保できないものについては，グラインダなどにより修正する．

(5) せん断切断する場合の鋼材の板厚は，13 mm 以下とする．切断面にばりなどが生じた場合は，グラインダなどにより修正する．

(6) 設計図書でメタルタッチが指定されている部分は，フェーシングマシンまたはロータリープレーナなどの切削加工機を使用し，部材相互が十分密着するように加工する．仕上げ面の精度は，図 4.1 による．

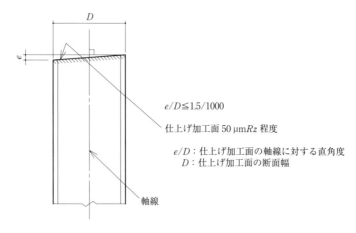

$e/D \leq 1.5/1000$
仕上げ加工面 50 μmRz 程度

e/D：仕上げ加工面の軸線に対する直角度
D：仕上げ加工面の断面幅

図 4.1 仕上げ面の精度

（7） 切断面の精度を切削加工機の場合と同様に確保できる機械切断機（コールドソーなど）を用いた場合は，切断縁のままでよい．

4.7 開先加工
（1） 鋼材の開先加工は機械加工法・ガス加工法・プラズマ加工法などにより，鋼材の形状，寸法に合わせて適切な方法で行う．
（2） 開先加工面の精度は，表4.1による．
（3） 前項の精度を超えた場合は溶接盛り，グラインダなど，適切な方法で補修する．

4.8 スカラップ加工
（1） スカラップの要否および加工は，特記による．
（2） 特記がない場合のH形断面材端部の開先を含めたスカラップの加工は，下記のi）またはii）による．

　i） スカラップを設けない形状（ノンスカラップ）は，図4.2による．

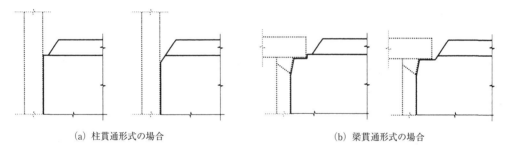

(a) 柱貫通形式の場合　　　　　　　(b) 梁貫通形式の場合

図4.2　スカラップを設けない形状（ノンスカラップ）の加工

　ii） スカラップを設ける形状は，図4.3による．スカラップの円弧の曲線をフランジになめらかに接するように加工する．r_1は35 mm程度，r_2は10 mm以上とする．複合円はなめらかに仕上げる．

(a) 柱貫通形式の場合　　　　　　　(b) 梁貫通形式の場合

図4.3　スカラップの加工

（3） スカラップ加工には，切削加工機またはアタッチメント付き手動ガス切断機を使用する．柱梁接合部のスカラップ加工に手動ガス切断機を用いた場合には，スカラップの円弧の曲線をフランジになめらかに接するように，グラインダなどにより修正する．

（4） スカラップの加工精度は表4.1とし，この精度が確保できないものは，グラインダなどにより修正する．

4.9 孔あけ加工

（1） 高力ボルト孔の孔あけ加工は，ドリル孔あけとする．ただし，特記がある場合または工事監理者の承認を受けた場合は，レーザ孔あけとすることができる．
　　　接合面をブラスト処理する場合は，ブラスト前に孔あけ加工する．

（2） ボルト孔，アンカーボルト孔，鉄筋貫通孔はドリル孔あけを原則とする．ただし，特記がある場合または工事監理者の承認を受けた場合は，レーザ孔あけとすることができる．板厚が13mm以下のときは，せん断孔あけとすることができる．切断面にばりなどが生じた場合は，グラインダなどにより修正する．

（3） 高力ボルト孔，ボルト孔，アンカーボルト孔および鉄筋貫通孔をレーザ孔あけとする場合，溶損部を含む孔径の精度は±0.5mm以下とする．溶損部は応力上，支障の少ない位置とする．

（4） 型枠セパレータ用貫通孔，設備配管用貫通孔，設備・内外装・コンクリート打設用の付属金物などの孔は，ドリル孔あけまたはレーザ孔あけとする．板厚が13mm以下の場合は，せん断孔あけとすることができる．孔径30mm以上の場合は，ガス孔あけ，プラズマ孔あけおよびレーザ孔あけとしてもよい．ガス孔あけ，プラズマ孔あけおよびレーザ孔あけを行う場合の切断面の粗さは，$100\ \mu m Rz$以下とし，孔径の精度は±2mm以内とする．

（5） 孔あけ加工は，孔あけされる部材表面に対し直角度を保ち，位置と孔径の精度を確保する．孔あけ加工後の孔周辺のばり，切粉などは完全に除去する．

（6） 高力ボルト・ボルトおよびアンカーボルトのねじの呼び径に対する孔径は，表4.2の値以下とする．

表4.2 高力ボルト・ボルトおよびアンカーボルトの孔径

（単位：mm）

種　類	孔径 d	ねじの呼び径 d_1
高力ボルト	$d_1+2.0$ $d_1+3.0$	$d_1<27$ $d_1\geq27$
ボルト	$d_1+0.5$	—
アンカーボルト	$d_1+5.0$	—

（7） 鉄筋の貫通孔の孔径は，特記による．特記のない場合は，表4.3に示した値を標準とする．

表 4.3　鉄筋貫通孔の孔径

（単位：mm）

丸　鋼		鉄筋径＋10 mm						
異形鉄筋	呼び名	D 10	D 13	D 16	D 19	D 22	D 25	D 29	D 32
	孔　径	21	24	28	31	35	38	43	46

4.10　摩擦面の処理

a.　摩擦面の処理方法

　　すべり係数が 0.45 以上確保できる摩擦面の処理方法は，下記の発せい（錆）処理またはブラスト処理のいずれかの方法とし，これ以外の摩擦面の処理方法は特記による．

（1）　発せい（錆）処理

　ⅰ）　自然発せい

　　　　摩擦面は，ディスクグラインダなどにより摩擦接合面全面の範囲について黒皮を除去した後，屋外に自然放置して発せいさせた赤さび状態を確保する．

　ⅱ）　薬剤発せい

　　　　摩擦面はディスクグラインダなどにより，摩擦接合面全面の範囲について黒皮を除去した後，薬剤を塗布して，所定の期間養生し，赤さび状態を確保する．ただし，黒皮除去も同時に行う薬剤は除く．

（2）　ブラスト処理

　　　摩擦面をショットブラストまたはグリットブラストにて処理し，この表面粗さが 50 μmRz 以上確保できる場合は，赤さびを発生させなくてもよい．

b.　摩擦面処理の留意事項

（1）　摩擦面および座金の接する面の浮きさび，じんあい（塵挨），油，塗料，溶接スパッタなどは取り除く．

（2）　摩擦面にはクランプきずなど凹凸があってはならない．

（3）　スプライスプレートを部材に仮固定する際には，油分のない仮ボルトを用いる．

（4）　ブラスト後にボルト孔周辺にばり取り等のグラインダをかけた場合，この部分については赤さび状態を確保する．

（5）　板厚 6 mm 未満の軽量形鋼を使用し，設計上すべり係数を 0.45/2（＝約 0.23）としているものでは，摩擦面は黒皮のままとしてよい．なお，浮いた黒皮は取り除く．

c.　すべり試験

　　a 項（1），（2）以外の場合にはすべり試験を行うものとし，すべり試験は，原則としてすべり係数試験とする．

4.11　ひずみの矯正

（1）　加工中に発生したひずみは，そのひずみ量が定められた製品精度を確保できない場合には，材質を損なわないように常温加圧もしくは加熱（点状加熱，線状加熱）で矯正する．

(2) 常温加圧で矯正する場合は，プレスあるいはローラ等を使用する．
(3) 400 N/mm² ，490 N/mm² 級鋼を加熱で矯正する場合の温度は，下記を標準とする．
 ・加熱後空冷する場合　　　　　850～900 ℃
 ・加熱後ただちに水冷する場合　600～650 ℃
 ・空冷後水冷する場合　　　　　850～900 ℃（ただし，水冷開始温度は 650 ℃以下）
(4) 400 N/mm² 級鋼，490 N/mm² 級鋼以外の矯正温度については，特記による．

4.12 曲げ加工

(1) 曲げ加工は，常温加工または加熱加工とする．局所的に板要素を加熱加工する場合は，赤熱状態（850～900 ℃）で行い，青熱ぜい性域（200～400 ℃）で行ってはならない．
(2) 常温加工での内側曲げ半径は，特記による．特記がない場合は表 4.4 とする．

表 4.4　常温曲げ加工による内側曲げ半径

部　位		内側曲げ半径	備　考
柱や梁およびブレース端など塑性変形能力が要求される部位	ハンチなど応力方向が曲げ曲面に沿った方向である場所	8 t 以上	r：内側曲げ半径 t：被加工材の板厚
	応力方向が上記の直角方向の場合	4 t 以上	
上記以外		2 t 以上	

4.13 組立て

a. 組立て一般

(1) 組立ての方法および順序は，溶接順序とともに製品の寸法精度や品質に大きな影響を及ぼすため，工場製作要領書の作成段階あるいはそれ以前より十分検討する．
(2) 組立て方法および順序を決定するにあたっては，溶接によって生じるひずみや残留応力ができるだけ小さくなるように，事前に逆ひずみを与えたり，小ブロックに分割して組立て・溶接を行うなどの方法を検討する．

b. 組立て準備

(1) 組立てに使用する部材は，組立て前に部材の符号，材質，数量などを確認するとともに，汚損，腐食，有害なきずなどがないかをチェックし，きずがある場合には，部材を取り替えるか補修を行う．
(2) 組立てに使用する部材に曲がりや反りなど，ひずみがある場合は，所定の製品精度を保つために組立て前にひずみの矯正を行う．

c. 組立て作業

(1) 組立ては，作業に適した定盤や治具を用い，部材相互の位置および角度を正確に保つようにして行う．
(2) 所定のルート間隔を確保し，裏当て金およびエンドタブは，母材との間にすき間が生じ

ないように密着させて取り付ける.
(3) 部材相互の肌すきの有無,開先形状などを確認し,適切でない場合は修正を行う.
(4) 裏当て金
   ⅰ) 裏当て金は母材に適し溶接性に問題のない材質で,溶落ちが生じない板厚とする.
   ⅱ) スカラップを設ける場合は,通し形の裏当て金とする.
   ⅲ) スカラップを設けない場合は,フィレットのコーナー部の形状に合わせた分割形の裏当て金とする.
   ⅳ) 裏当て金およびエンドタブの取付け方法は,5.7「溶接施工一般」による.

d. 組立て溶接
(1) 組立て溶接は,被覆アーク溶接あるいはガスシールドアーク溶接で行う.
(2) 組立て溶接に従事する溶接技能者は,JIS Z 3801 または JIS Z 3841 の少なくとも基本となる級(下向溶接)の試験に合格した有資格者とする.
(3) 組立て溶接に使用する溶接材料の選定・保管は,5.5「溶接材料」による.ただし,400 N/mm² 級などの軟鋼で板厚 25 mm 以上の鋼材および 490 N/mm² 級以上の高張力鋼の組立て溶接を被覆アーク溶接で行う場合には,低水素系の溶接棒を使用する.
(4) 組立て溶接は,組立て・運搬・本溶接作業において組立て部材の形状を保持し,かつ組立て溶接が割れないように,必要で十分な長さと 4 mm 以上の脚長をもつビードを適切な間隔で配置しなければならない.
   組立て溶接の溶接長さは,ショートビードとならないよう表 4.5 を最小とする.

表 4.5 組立て溶接の溶接長さ

(単位:mm)

板厚*	組立て溶接の最小溶接長さ
$t \leq 6$	30
$t > 6$	40

[注] *:組み立てる材の厚いほうの板厚

(5) 組立て溶接は,本溶接と同等な品質が得られるように施工する.
   また,開先内には組立て溶接を行わない.ただし,構造上,開先内に組立て溶接を行わざるを得ない場合には,本溶接後の品質が十分確保できるような方法で施工しなければならない.
(6) 冷間成形角形鋼管の角部など,大きな冷間塑性加工を受けた箇所への組立て溶接は避ける.

4.14 仮　組

(1) 仮組の要否,目的および範囲は特記による.
(2) 仮組を行う場合は,特記に従い,方法,測定および確認項目などを記載した仮組要領書

を作成し，工事監理者の承認を受ける．

4.15 付属金物類

（1）設備関連付属金物，内外装・コンクリート打設用・仮設用付属金物は，工作図あるいは設計図，施工図に従い正しい位置に取り付ける．

（2）付属金物の溶接は，5節「溶接」に従い，主要部材の溶接と同等の品質が得られるように施工する．

4.16 ピンおよびローラ

（1）部材のピン孔は，ドリル孔あけあるいはガス孔あけ後の機械仕上げにより内面を平滑に仕上げ，部材の表面に対して直角とする．

（2）ピンおよびローラの接触面の表面粗さならびにピンの直径とピン孔の内径の関係は，特記による．

4.17 機器の保守点検

（1）クレーン，プレス機械など，法令によって保守点検が義務づけられている機器は，当該法令に従って保守点検を行わなければならない．

（2）前項以外の機器については，その本来の性能が発揮でき，かつ安全に作業ができるよう，点検期間，点検項目，点検管理者などを記載した保守点検要領を製作工場において定め，これに従って保守点検を行わなければならない．

また，NC機器のように数値データにより動作が制御される機器は，指示した寸法と実際の寸法の差に関して，所定の精度を保つように保守点検を行わなければならない．

4.18 安全・衛生

製作工場における安全衛生管理は，労働安全衛生法などの関係諸法規に従って，主として下記の事項について実施する．

（1）安全衛生管理体制の確立

（2）生産設備の安全化

（3）作業方法の安全化

（4）安全教育の実施

　ⅰ）管理者に対する教育

　ⅱ）危険有害業務従事者に対する安全教育

　ⅲ）就業制限業務にかかわる作業者，作業主任者の資格取得教育

（5）作業者の健康管理

5節 溶 接

5.1 適用範囲
　本節は，建築および工作物の鉄骨の構造上主要な部材および接合部を被覆アーク溶接，ガスシールドアーク溶接，セルフシールドアーク溶接，サブマージアーク溶接およびエレクトロスラグ溶接によって施工する場合，ならびにシャーコネクタをアークスタッド溶接によって取り付ける場合に適用する．

5.2 溶接方法の承認
（1）　被覆アーク溶接，ガスシールドアーク溶接およびセルフシールドアーク溶接で設計図書の溶接基準図または付則5「完全溶込み溶接・部分溶込み溶接の開先標準」に従う場合は，試験による承認を受けなくても，施工することができる．設計図書の溶接基準図および付則5のいずれにも該当しない場合は，付則8「完全溶込み溶接に用いる開先の承認試験」に従って試験を行い，工事監理者の承認を受ける．
（2）　サブマージアーク溶接およびエレクトロスラグ溶接で施工する場合は，当該工事の仕様を加味した試験を行い，工事監理者の承認を受ける．なお，その溶接方法についてすでに試験を行っており，その試験結果を工事監理者が支障ないものと認めた場合は，試験を省略することができる．
（3）　溶接ロボットによる溶接を採用する場合は，施工する部位に対応した試験を行って工事監理者の承認を受ける．なお，使用するロボットが（一社）日本ロボット工業会・（一社）日本溶接協会の建築鉄骨溶接ロボット型式認証を取得していて，その認証範囲で使用するか，または，その溶接方法についてすでに試験を行っており，その試験結果を工事監理者が支障ないものと認めた場合は，この試験を省略することができる．
（4）　上記以外の溶接方法を採用する場合は，試験を行って工事監理者の承認を受ける．なお，その溶接方法についてすでに試験を行っており，その試験結果を工事監理者が支障ないものと認めた場合は，この試験を省略することができる．

5.3 溶接技術者
（1）　鉄骨製作業者は，溶接工作全般について計画・管理・技術指導を行う専任の溶接技術者をおかなければならない．ただし，軽微な工事で工事監理者がその必要がないと認めた場合は，この限りでない．
（2）　溶接技術者は，JIS Z 3410「溶接管理-任務及び責任」に基づく（一社）日本溶接協会WES 8103「溶接管理技術者認証基準」の有資格者とする．なお，（一社）鉄骨建設業協会・

(一社) 全国鐵構工業協会の鉄骨製作管理技術者登録機構により認定された鉄骨製作管理技術者あるいはその他の同種の資格を有している者は，工事監理者の承認を受けて，この溶接技術者の任にあたることができる．

5.4 溶接技能者および溶接オペレータ

a. 被覆アーク溶接技能者

被覆アーク溶接に従事する溶接技能者は，JIS Z 3801（手溶接技術検定における試験方法及び判定基準）に従う板厚，溶接方法，溶接姿勢に応じた溶接技術検定試験に合格した有資格者とする．

b. 半自動溶接技能者

半自動溶接に従事する溶接技能者は，JIS Z 3841（半自動溶接技術検定における試験方法及び判定基準）に従う板厚，溶接方法，溶接姿勢に応じた溶接技術検定試験に合格した有資格者とする．

c. 自動溶接オペレータ

サブマージアーク溶接・エレクトロスラグ溶接・ガスシールドアーク溶接およびその他の自動溶接装置を用いて行う溶接に従事する溶接オペレータは，少なくとも JIS Z 3801 または JIS Z 3841 の基本となる級（下向溶接）の溶接技術検定試験に合格した有資格者とする．

d. ロボット溶接オペレータ

ロボット溶接オペレータは，少なくとも JIS Z 3841 の基本となる級（下向溶接）の溶接技術検定試験に合格した有資格者とする．

e. スタッド溶接技能者

スタッド溶接に従事する溶接技能者は，（一社）スタッド協会のスタッド溶接技術検定試験に合格した有資格者とする．

f. 技量付加試験

上記の有資格溶接技能者，溶接オペレータに対し，技量付加試験を行う場合は特記による．この場合，すでに同等の技量試験により承認を受けている溶接技能者，溶接オペレータについて，工事監理者が支障ないものと認めた場合は，技量付加試験を免除することができる．

g. 技量確認試験

溶接技能者，溶接オペレータに対して，その技量に疑問が生じて，工事監理者が特に必要と認めた場合は，技量を確認するために適切な試験を行う．

5.5 溶接材料

a. 溶接材料の選定

被覆アーク溶接棒，ワイヤ，フラックスなどの溶接材料は 3.3「溶接材料」表 3.4 の JIS 規格適合品の中から使用する鋼種，継手形式，開先形状，溶接方法に適合したものを選定する．

b. 溶接材料の管理

溶接材料は，湿気を吸収しないように保管し，被覆剤の剥脱，汚損，変質，吸湿，さびの発生したものは使用してはならない．

吸湿の疑いがあるものは，その溶接材料の種類に応じた乾燥条件で乾燥して使用する．

5.6 開先の確認および母材の清掃

a. 開先の確認

溶接継手の開先は，工作図で承認された形状とし，開先の精度および部材の組立て精度は，付則6「鉄骨精度検査基準」による．開先の精度が規定を満足しない場合は，承認された方法で補修を行ってから溶接を行う．

b. 母材の清掃

母材の開先の表面と切断縁の仕上げは 4.6「切断・切削加工」および 4.7「開先加工」による．開先面とその周辺の浮いたスケール，スラグ，さび，油，水分その他溶接に支障となるものは除去する．

5.7 溶接施工一般

a. 溶接部の形状および溶接欠陥

溶接の外観形状は，付則6「鉄骨精度検査基準」による．溶接部には，割れ，溶込不良，スラグ巻込み，ブローホールなど継手の性能を損なうような有害な欠陥があってはならない．

b. 溶接条件

溶接は溶接技術者の管理のもとで行い，溶接部の性能を確保するため，適切な溶接電流，アーク電圧，溶接速度，積層法，パス間温度，ガス流量などを選定して施工する．

c. 溶接姿勢

溶接を適切な姿勢で行うために作業架台やポジショナを設置し，有効に活用する．

d. 予熱

溶接の施工では予熱の必要な場合があり，以下に示す事項などを考慮して適切な条件を選定する．

（1）鋼材の化学成分
（2）鋼材の板厚
（3）継手の拘束度
（4）鋼材の温度
（5）溶接入熱量
（6）溶接金属の拡散性水素量

e. 溶接順序

（1）部材の組立ておよび溶接の順序は，溶接変形ができるだけ小さくなるように考えて施工する．溶接変形が製品の精度に影響を与えることが予想される場合には，溶接の順序と変形の防止を考慮して施工する．

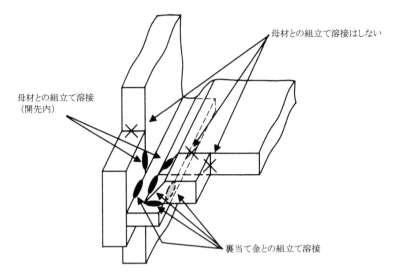

図 5.1 柱梁接合部エンドタブの組立て溶接例

（2） 接合に高力ボルトと溶接が併用または混用される場合は，ボルト接合面の変形や高力ボルトへの熱の影響を考慮して施工する．

f． エンドタブ

（1） 開先のある溶接の両端では，全断面で健全な溶接が確保できるようにエンドタブを用いる．ただし，工事監理者の事前の承認があれば，その他の適切な方法を用いることができる．

（2） 柱梁接合部にエンドタブを取り付ける場合には，図 5.1 に示すように，裏当て金に取り付ける．直接，母材に組立て溶接をしない．ただし，組立て溶接を本溶接により再溶融させる場合は，開先内に組立て溶接を行ってもよい．

（3） エンドタブの切断の要否および切断要領は，特記による．特記のない場合は切断しなくてよい．

g． 裏当て金

（1） 裏当て金を用いた柱梁接合部の裏当て金の組立て溶接は，図 5.2.a に示すように，梁フランジの両端から 5 mm 以内およびフィレット部の R 止まり，または隅肉溶接止端部から 5 mm 以内の位置には行わない．

（2） 裏当て金の組立て用の隅肉溶接は，サイズは 4～6 mm で 1 パスとし，長さ 40～60 mm 程度とする．

（3） 工事現場溶接などで，裏当て金が梁フランジの外側に取り付く場合，図 5.2.b に示すように，本溶接によって再溶融されない組立て溶接は，梁フランジおよび柱フランジ母材に直接行ってはならない．

h． 気温，天候，その他

（1） 気温が －5℃ を下回る場合は，溶接を行ってはならない．気温が －5℃ から 5℃ におい

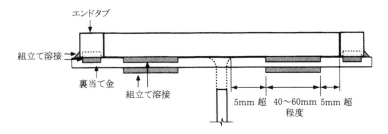

図 5.2.a　エンドタブ，裏当て金の組立て溶接

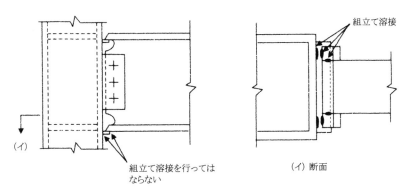

図 5.2.b　裏当て金が梁フランジの外側に取り付く場合

ては，接合部より 100 mm の範囲の母材部分を適切に加熱すれば溶接することができる．

（2）　風の強い日は，遮風して溶接を行う．雨天または特に湿度の高い場合は，たとえ屋内であっても，水分が母材の表面および裏面付近に残っていないことを確かめてから溶接を行う．なお，ガスシールドアーク溶接の場合，風速が 2 m/s 以上ある場合には溶接を行ってはならない．ただし，適切な防風処置を講じた場合は，この限りでない．

i.　溶接部の清掃

（1）　溶接に支障となるスラグは除去する．

（2）　溶接中に割れなどの欠陥が発見された場合には，その部分を完全に除去してからでなければ，次の溶接を行ってはならない．

（3）　本溶接中または本溶接開始前に組立て溶接に割れが生じた場合は，その部分を完全に除去してから本溶接を行う．

（4）　溶接が完了した部分のスラグは除去する．また，溶接部およびその周辺は，ブラシなどの適切な工具でスパッタの除去などの清掃を行う．固着したスパッタで摩擦接合面以外のものは，除去しなくてもよい．

5.8 完全溶込み溶接

a. 完全溶込み溶接

　完全溶込み溶接は，突き合わせる部材の全断面が完全に溶接されなければならない．

b. 裏 は つ り

　部材の両面から溶接する場合，裏面側の初層溶接を行う前に，表面側の溶接の健全な溶接金属部分が現れるまで裏はつりを行う．

　サブマージアーク溶接による場合は，溶接施工試験によって十分な溶込みが得られることが確認され，工事監理者の承認を得た場合には，裏はつりを省略することができる．

c. 裏 当 て 金

　裏当て金を使用する場合，健全なルート部の溶込みが得られるように，適切なルート間隔をとり，裏当て金を密着させる．

d. 余　　盛

　完全溶込み溶接突合せ継手および角継手の余盛高さの最小値 h は 0 mm とする．裏当て金付きの T 継手の余盛高さの最小値 h は，突き合わせる材の厚さの 1/4 とし，材の厚さが 40 mm を超える場合は 10 mm とする．裏はつり T 継手の余盛高さの最小値 h は，突き合わせる材の厚さの 1/8 とし，材の厚さが 40 mm を超える場合は 5 mm とする．このときの許容差 Δh は，付則 6「鉄骨精度検査基準」による．

　余盛は応力集中を避けるためなめらかに仕上げ，過大であったりビード表面形状に不整があってはならない．

e. 板厚の異なる突合せ継手

　突合せ継手として溶接される部材の板厚が異なる場合の溶接部の形状は，以下による．

（1）　クレーンガーダのように低応力高サイクル疲労を受ける突合せ継手では，図 5.3（a）のように厚い方の材を 1/2.5 以下の傾斜に加工し，開先部分で薄い方と同一の高さにする．

（2）　上記以外で板厚差による段違い e が薄い方の板厚の 1/4 を超える場合あるいは 10 mm を超える場合は，図 5.3（b）のように T 継手に準じた高さの余盛を設ける．

（3）　板厚差による段違い e が薄い方の板厚の 1/4 以下かつ 10 mm 以下の場合は，図 5.3（c）のように，溶接表面が薄い方の材から厚い方の材へなめらかに移行するように溶接する．

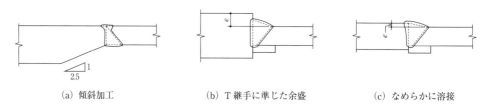

(a) 傾斜加工　　　　　　(b) T 継手に準じた余盛　　　　(c) なめらかに溶接

図 5.3　板厚が異なる突合せ継手の例

5.9 隅肉溶接

a. サイズの許容差

サイズの許容差は，付則6「鉄骨精度検査基準」による．

b. 部材の密着

隅肉溶接される相互の部材は，十分に密着させる．

T継手または重ね継手のすき間の許容差は，付則6「鉄骨精度検査基準」による．すき間が管理許容差を超える場合には，隅肉溶接のサイズをすき間の大きさだけ増さなければならない．また，T継手のすき間が限界許容差を超えるような場合は，開先をとって十分に溶け込ませる．

c. 溶接長さ

設計図書に示す溶接長さは，有効長さに隅肉サイズの2倍を加えたものであり，その長さを確保するよう施工する．

d. 余盛

隅肉溶接は，著しい凸形ビードを避け，余盛高さの許容差は付則6「鉄骨精度検査基準」による．

e. 回し溶接

隅肉溶接の端部は，なめらかに回し溶接を行う．

5.10 部分溶込み溶接

a. 部分溶込み溶接

部分溶込み溶接は，所定の溶込みを確保するように溶接する．

b. 余盛

部分溶込み溶接突合せ継手および角継手の余盛高さの最小値 h は0 mmとする．T継手の余盛高さの最小値 h は開先深さの1/4または5 mmの大きい方とし，開先深さが40 mmを超

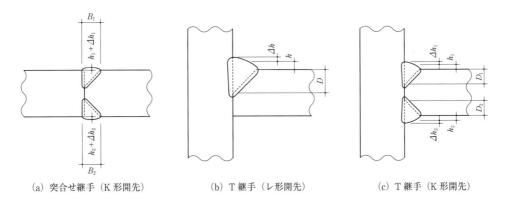

(a) 突合せ継手（K形開先）　　(b) T継手（レ形開先）　　(c) T継手（K形開先）

図5.4 部分溶込み溶接の余盛高さ

c. 有効のど厚

　　　有効のど厚は，被覆アーク溶接で開先角度が60°未満のレ形・K形・V形・X形開先の場合，開先深さから3 mmを減じた値とする．被覆アーク溶接でU形・J形・H形・両面J形開先の場合や開先角度が60°以上のレ形・K形・V形・X形開先の場合，およびガスシールドアーク溶接とサブマージアーク溶接の場合は，有効のど厚は開先深さとしてよい．

5.11　エレクトロスラグ溶接

　a. 溶接姿勢

　　溶接姿勢は鉛直とする．傾斜溶接となる場合は，施工実績あるいは溶接施工試験などによって工事監理者の承認を受けなければならない．

　b. 高温割れ防止

　　高温割れを生じることがあるので，拘束応力，母材成分，開先形状，溶接条件に注意する．

　c. 溶接始終端部の処理

　　溶接の始終端部は，母材部にかからないように銅製または鋼製のエンドタブを使用する．溶接後に始終端部を除去し，平滑に仕上げる．

　d. 溶接の中断

　　溶接は中断してはならない．継ぎ目が生じた場合は，溶接後に欠陥の有無を調べて，欠陥を除去し，補修溶接する．

　e. 当て金

　　当て金は，母材との間にすき間ができないように密着させなければならない．

5.12　スタッド溶接

（1）スタッド溶接は，特記のない場合，アークスタッド溶接の直接溶接とし，下向姿勢で行う．

（2）スタッド溶接用電源は，専用電源を原則とする．他の電源と併用する場合は，必要な容量を確保する．

5.13　溶接部の補修

　a. 不適合となった溶接部の補修

（1）溶接施工中に生じた溶接部の不良，ならびに10節「検査」の10.2「社内検査」，10.4「受入検査」により，不適合となった溶接部などに対する補修の要領は，工場製作要領書に記載して工事監理者の承認を得なければならない．

（2）溶接割れの範囲が局部的でない場合や母材の割れである場合には，工事監理者に報告し，その補修方法について承認を得なければならない．

（3）溶接施工中に不良が多発した場合には，補修の前に発生原因の究明を行い，再発を防ぐ対策を立てなければならない．

b. 補修方法

　　a.項で特に工事監理者の指示がない場合は，以下の要領によって補修を行う．なお，いずれの補修溶接においても，必ず適正な予熱を施し，パス間温度を管理して補修溶接を行う．

（1）アンダーカットまたは余盛不足の箇所は，必要に応じて整形した後ショートビードとならないように補修溶接する．さらに必要な場合は，グラインダ仕上げを行う．

（2）オーバーラップ，過大な余盛は，削りすぎないように注意しながらグラインダ仕上げを行う．

（3）ピットはエアアークガウジング，グラインダなどにより削除した後，補修溶接する．

（4）表面割れは，割れの範囲を確認した上で，その両端から50mm以上はつりとって舟底形に仕上げ，補修溶接する．

（5）スラグ巻込み，溶込不良，融合不良，ブローホールなどの内部欠陥は，非破壊検査記録に基づいて欠陥の位置をマークした後，エアアークガウジングによりはつりとって実際の位置を確認し，欠陥の端部より20mm程度除去し，舟底形に仕上げてから再溶接する．

　　明らかな割れの場合には，割れの端部より50mm以上はつりとるものとする．

c. スタッド溶接部の補修

（1）10.4「受入検査」のg.「スタッド溶接部の検査」の結果，不適合となった場合は50〜100mmの隣接部に打ち増しする．ただし，隣接部に打ち増しできない場合，欠陥が母材に及んでいる場合および打撃曲げ検査で折損した場合は，不適合となったスタッドを除去し，母材表面を補修溶接してグラインダで仕上げた後，打ち直す．

（2）打撃曲げ検査によって15°まで曲げたスタッドは，欠陥が発生しない限りそのままでよい．

6節　高力ボルト接合

6.1　高力ボルト

a. トルシア形高力ボルト

（1）　トルシア形高力ボルトのセット

　　構造用トルシア形高力ボルトのセット（以下，トルシア形高力ボルトという）は，表6.1のJSS II 09（構造用トルシア形高力ボルト・六角ナット・平座金のセット）に準拠して製造したもので，国土交通大臣認定品とする．

表6.1　トルシア形高力ボルトの機械的性質による等級

セットの構成部品	ボルト	ナット	座　金
機械的性質による等級	S 10T	F 10	F 35

（2）　ボルトの長さ

　　ボルトの長さは，締付け長さに表6.2の長さを加えたものを標準とし，JSS II 09の表8の呼び長さの基準寸法のうちからもっとも近いものを使用する．長さが5mm単位とならない場合は，2捨3入または7捨8入とする．

表6.2　締付け長さに加える長さ（単位：mm）

ねじの呼び	締付け長さに加える長さ
M 16	25
M 20	30
M 22	35
M 24	40
M 27	45
M 30	50

b. 高力六角ボルト

（1）　高力六角ボルトのセット

　　摩擦接合形高力六角ボルトのセット（以下，高力六角ボルトという）は，JIS B 1186（摩擦接合用高力六角ボルト・六角ナット・平座金のセット）のJIS規格適合品のうち，表6.3に示すものとする．

表6.3 高力六角ボルトの種類と等級

セットの種類		適用する構成部品の機械的性質による等級		
機械的性質による等級	トルク係数値による種類	ボルト	ナット	座金
2種	A B	F 10T	F 10	F 35

（2）ボルトの長さ

　　ボルトの長さは，締付け長さに表6.4の長さを加えたものを標準とし，JIS B 1186 の表7に示す呼び長さの基準寸法のうちからもっとも近いものを使用する．長さが5 mm 単位とならない場合は，2捨3入または7捨8入とする．

表6.4 締付け長さに加える長さ（単位：mm）

ねじの呼び	締付け長さに加える長さ
M 12	25
M 16	30
M 20	35
M 22	40
M 24	45
M 27	50
M 30	55

6.2 高力ボルトの取扱い

a. 搬　　入

　　高力ボルトは，包装の完全なものを，未開封状態のまま工事現場へ搬入する．

b. 工事現場での受入れ

　　施工者は，受入れ時に，荷姿・種類・等級・径・長さ・ロット番号などについて確認する．また，搬入された高力ボルトが，そのボルトに関するメーカーの規格品証明書（社内検査成績書）に合致し，発注時の条件を満足するものであることを確認する．

c. 工事現場での取扱い

（1）高力ボルトは，種類・等級・径・長さ・ロット番号ごとに区分し，雨水・じんあい（塵挨）などが付着せず，温度変化の少ない適切な場所に保管する．その際，積み上げる箱の段数に配慮する．

（2）運搬・締付け作業にあたり，高力ボルトはていねいに取り扱い，ねじ山などを損傷しないようにする．なお，トルシア形高力ボルトの場合は，ピンテール部も損傷しないようにする．

d. 高力ボルトの品質確認のための試験

施工者または工事監理者が特別な理由により，納入された高力ボルトの品質を確認しようとする場合は，機械的性質試験・導入張力確認試験・トルク係数値試験など状況に応じた品質の適否確認を行うことができる．なお，この試験は通常は省略してよい．

6.3 接合部の組立て

a. 組立て精度

（1） 特に接合部の密着性保持に注意し，母材の溶接ひずみ・変形やスパッタ，孔あけ時のばりおよびスプライスプレートの曲がりなどがある場合は，摩擦面を損傷させないように矯正，補修を行う．

（2） 接合部に，肌すきがある場合の処理は，表 6.5 による．

表 6.5 肌すきがある場合の処理

肌すき量	処理方法
1 mm 以下	処理不要
1 mm を超えるもの	フィラープレートを入れる

（3） フィラープレートの材質は，母材の材質にかかわらず 400 N/mm² 級鋼材でよい．なお，両面とも摩擦面としての処理をする．また，フィラープレートを母材やスプライスプレートに溶接してはならない．

b. ボルト孔の食違いの修正

（1） 接合部組立て時に積層した板間に生じた 2 mm 以下のボルト孔の食違いは，リーマ掛けして修正してよい．

（2） 孔の食違いが 2 mm を超える場合の処置は，構造性能の検討を含め工事監理者と協議して定める．

c. 建方時の仮ボルト

部材建方時の仮ボルトの締付けは，12.4「建方」の g. による．

（1） 部材建方時の仮ボルトは，油分を除去したものを用いる．

（2） 本締めに用いるボルトを仮ボルトに使用してはならない．

6.4 高力ボルトの締付け

a. トルシア形高力ボルトの締付け

（1） 締付け施工一般

i） トルシア形高力ボルトの締付け工程開始時には，6.5「締付け施工法の確認」に示す要領に従って締付け，施工法の確認を行ってから作業を進める．

ii） トルシア形高力ボルトの締付けは，高力ボルトに異常のないことを確かめた上，ナット下に座金を 1 個敷き，ナットを回転させて行う．

iii) セットを構成する座金およびナットには表裏があるので，ボルトを接合部に組み込むときには，逆使いしないようにする〔図6.1参照〕．

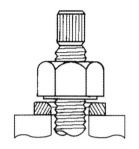

ナットは表示記号のある側が表　　　　座金は内側面取りのある側が表

図6.1　ナット・座金の表裏

iv) 高力ボルトの締付け作業は，部材の密着に注意した締付け順序で〔図6.2参照〕，1次締め，マーキングおよび本締めの3段階で行う．

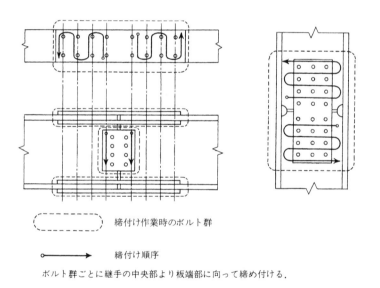

 締付け作業時のボルト群

●━━▶　締付け順序

ボルト群ごとに継手の中央部より板端部に向って締め付ける．

図6.2　ボルト締付け順序

v) 高力ボルトの締付けに用いる機器のうち，トルクレンチは，±4％の誤差内の精度が得られるように十分整備されたものを用いる．

vi) 毎日の締付け作業に際しては，始業点検として，いずれかの接合部において締付け状況を確認する．

vii) ボルト挿入から本締めまでの作業は，同日中に完了させることを原則とする．

(2) 1次締め

i) 1次締めは，1継手，ボルト群ごとに，本締めボルト挿入後ただちに，図6.2に示す

順序で行う.

　ⅱ) 締付けはプリセット形トルクレンチ，1次締め専用電動レンチなどを用いて，表 6.6 に示すトルクでナットを回転させて行う．ただし，板厚が厚い場合などで肌すきの解消に支障がある場合は，表 6.6 より割り増してもよい．

表 6.6　1次締めトルク（単位：N・m）

ねじの呼び	1次締めトルク
M 12	約 50
M 16	約 100
M 20, M 22	約 150
M 24	約 200
M 27	約 300
M 30	約 400

（3）マーキング

　1次締め後，すべてのボルトについてボルト・ナット・座金および部材にわたるマークを施す〔図 6.3 参照〕.

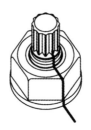

図 6.3　マーキングの例

（4）本締め

　ⅰ) 本締めはトルシア形高力ボルト専用の締付け機を用いて行い，ピンテールが破断するまでナットを締め付ける．

　ⅱ) 締付け位置によって，トルシア形高力ボルト専用締付け機が使用できない場合には，高力六角ボルトと交換し，ナット回転法またはトルクコントロール法によって締め付ける．

b.　高力六角ボルトの締付け

（1）締付け施工一般

　ⅰ) 高力六角ボルトの締付け工程開始時には，6.5「締付け施工法の確認」に示す要領に従って，締付け施工法の確認を行ってから作業を進める．

　ⅱ) 高力ボルトの締付けは，高力ボルトに異常のないことを確かめた上，ボルト頭下お

よびナット下に座金を1個ずつ敷き，ナットを回転させて行う．
iii) セットを構成する座金およびナットには表裏があるので，ボルトを接合部に組み込むときには，逆使いしないように注意する〔図6.4 参照〕．

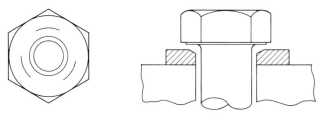

ナットは表示記号のある側が表　　座金は内側面取りのある側が表

図6.4　ナット・座金の表裏

iv) 高力ボルトの締付け作業は，部材の密着に注意した締付け順序で行い〔図6.2 参照〕，表6.7 に示す標準ボルト張力が得られるように，1次締め，マーキングおよび本締めの3段階で行う．締付けは，ナット回転法またはトルクコントロール法により行う．

表6.7　標準ボルト張力（単位：kN）

ボルトの等級	ねじの呼び	標準ボルト張力
F 10T	M 12	62.6
	M 16	117
	M 20	182
	M 22	226
	M 24	262
	M 27	341
	M 30	417

v) 高力ボルトの締付けに用いる機器のうち，トルクレンチは±4％の誤差内の精度が得られるように，十分整備されたものを用いる．

vi) 毎日の締付け作業に際しては，始業点検として，いずれかの接合部において締付け状況を確認する．

vii) ボルトの挿入から本締めまでの作業は，同日中に完了させることを原則とする．

(2) 1次締め

i) 1次締めは，1継手，ボルト群ごとに，本締めボルト挿入後，ただちに図6.2 に示す順序で行う．

ii) 締付けはプリセット形トルクレンチ，1次締め専用電動レンチなどを用いて，表6.6 に示すトルクでナットを回転させて行う．ただし，板厚が厚い場合などで肌すきの解消に支障がある場合は，表6.6 より割り増してもよい．

（3） マーキング

1次締め後，すべてのボルトについてボルト・ナット・座金および部材にわたるマークを施す〔図6.5参照〕.

図6.5　マーキングの例

（4） 本締め

 ⅰ） ナット回転法による本締めは，1次締め完了後を起点としてナットを120°（M12は60°）回転させて行う．ただし，ボルトの長さがねじの呼び径の5倍を超える場合のナット回転量は，特記による．

 ⅱ） トルクコントロール法による本締めは，標準ボルト張力が得られるように調整された締付け機器を用いて行う．締付け機器の調整は，毎日，締付け作業に先立って行うことを原則とする．調整の手順は，下記による．

　① ねじの呼び径ごとにトルク係数値がほぼ同一のロットをまとめて1施工ロットとする．その中から選んだ代表ロットのボルトに関する社内検査成績書に示されたトルク係数値 k に基づいて締付けトルク T_r を定める（$T_r = k \cdot d \cdot N_f$，$d$：ねじの呼び径，$N_f$：標準ボルト張力 = $1.1 N_0$，N_0：設計ボルト張力）

　② 上記の締付けトルクをベースに，軸力計を用いて導入張力の平均値が標準ボルト張力の ±10％ 以内になるように締付け機器のキャリブレーションを行う．

　③ 調整された締付け機器を用いて代表ロットから選んだ5セットのボルトについて軸力計を締め付けて，導入張力の平均値が表6.8の範囲に入っており，かつ個々の測定値が平均値の ±15％ 以内にあることを確認する．

　④ 上記5セットのボルトの追締めトルクを測定し，その平均値を締付け後検査の基準値として設定する．

表 6.8　常温における高力六角ボルトの導入張力確認試験時の導入張力の平均値の範囲　　　　　　　　　　　（単位：kN）

ねじの呼び	試験ロットに関する導入張力の平均値の範囲
M 12	58.5～71.2
M 16	110～133
M 20	172～207
M 22	212～256
M 24	247～298
M 27	322～388
M 30	394～474

6.5　締付け施工法の確認

　高力ボルト締付け工程開始時に，工事で採用する締付け施工法に関する確認作業を行う．この作業は，工事用に受け入れた高力ボルトと締付け作業で実際に使用する締付け機を用いて，実際に工事に適用する締付け手順で行う．以下に，締付け施工法の確認時の具体的手順を示す．

（1）　当該工事に適用する締付け機器を選定して適切に調整されていることを確認する．

（2）　当該工事の接合部から代表的な箇所を複数選定し，6.4「高力ボルトの締付け」のa.（1）ⅱ）～ⅳ）またはb.（1）ⅱ）～ⅳ）に示す要領で締付けを行う．

（3）　それぞれの接合部に対し，6.6「締付け後の検査」に示す要領で検査を行い，いずれも適合であることを確認する．

（4）　一部の接合部または高力ボルトに不適合の箇所がある場合は，原因を究明し対策を講じたうえで，再度確認を行う．

（5）　トルクコントロール法の場合には，上記の手順に先立って標準ボルト張力を導入するための適切な締付けトルクを設定しておく．

6.6　締付け後の検査

　a.　トルシア形高力ボルト

　　ⅰ）　締付け完了後，すべてのボルトについてピンテールが破断していることを確認するとともに，1次締め後に付したマークのずれによって，共回り・軸回りの有無，ナット回転量およびナット面から突き出したボルトの余長の過不足を目視で検査し，いずれについても異常が認められないものを適合とする．

　　ⅱ）　ナット回転量は，一群の平均回転角度 ±30°の範囲のものを適合とする．

　　ⅲ）　締忘れのボルトは，異常のないことを確認した上で締め付ける．

　　ⅳ）　ボルトの余長は，ナット面から突き出た長さが，ねじ1山～6山の範囲にあるものを適合とする．

b. 高力六角ボルト
  (1) ナット回転法による場合
    ⅰ) 締付け完了後，すべてのボルトについて，1次締め後に付したマークのずれにより共回りの有無，ナットの回転量およびナットから突き出た余長の過不足を目視で検査し，いずれについても異常が認められないものを適合とする．
    ⅱ) 1次締め後を起点とした締付け完了時のナットの回転量は120°±30°（M12は60°，許容差－0°～＋30°）の範囲にあるものを適合とする．なお，ボルトの長さがねじの呼び径の5倍を超える場合のナット回転量は，特記による．
    ⅲ) この範囲を超えて締め付けられたボルトは，取り替える．また，ナットの回転量が不足しているボルトについては，所要のナット回転量まで追締めする．
    ⅳ) ボルトの余長は，ナット面から突き出た長さが，ねじ1山～6山の範囲にあるものを適合とする．
  (2) トルクコントロール法による場合
    ⅰ) 締付け完了後，すべてのボルトについて1次締め後に付したマークのずれにより共回りの有無，ナットの回転量およびナットから突き出た余長の過不足を目視で検査し，いずれについても異常が認められないものを適合とする．
    ⅱ) ナット回転量に著しいバラツキの認められる締付け群については，すべてのボルトについて，トルクレンチを用いナットを追締めすることにより，締付けトルクの適否を検査する．
    ⅲ) この結果，締付け施工法確認時に設定した締付けトルクの±10％以内にあるものを適合とする．
    ⅳ) この範囲を超えて締め付けられたボルトは取り替える．締忘れ・締付け不足の認められた締付け群については，すべてのボルトを検査するとともに，所要のトルクまで追締めする．
    ⅴ) ボルトの余長は，ナット面から突き出た長さが，ねじ1山～6山の範囲にあるものを適合とする．
c. ボルトの取替え
  ナットとボルト・座金などが共回り・軸回りを生じた場合や，ナット回転量に異常が認められた場合または余長が過大または過小の場合には，新しいセットに取り替える．
d. ボルトの再使用の禁止
  一度使用したボルトは，再使用してはならない．

6.7 トルシア形超高力ボルト

a. トルシア形超高力ボルトのセット

トルシア形超高力ボルトのセットは,表6.9に示す国土交通大臣認定品とする.

表6.9 トルシア形超高力ボルトの機械的性質による等級

セットの構成部品	ボルト	ナット	座金
機械的性質による等級	14T級[*1]	—[*2]	—[*2]

[注] *1 引張強さ1400〜1490 N/mm^2,降伏強さ1260 N/mm^{2}以上を有するボルト
    *2 ナット,座金はメーカーの規格による

b. トルシア形超高力ボルトの首下長さ

ボルトの首下長さは,締付け長さに表6.10の長さを加えたものを標準とし,5 mm単位とする.長さが5 mm単位とならない場合は,2捨3入または7捨8入とする.

表6.10 締付け長さに加える長さ(単位:mm)

ねじの呼び	締付け長さに加える長さ
M 16	30
M 20	35
M 22	40
M 24	45

c. トルシア形超高力ボルトの1次締めトルク

トルシア形超高力ボルトの1次締めトルクは,表6.11による.

表6.11 1次締めトルク(単位:N・m)

ねじの呼び	1次締めトルク
M 16	約200
M 20	約300
M 22	約300
M 24	約400

d. トルシア形超高力ボルトの施工

トルシア形超高力ボルトの上記a.〜c.以外の取扱い,接合部の組立て,締付け,締付け後の検査等については,トルシア形高力ボルトに準じる.

7節 ボルト接合

7.1 適用範囲

ボルト接合は一般に比較的軽微な構造物を想定している．なお，建築基準法では，一定の戻り止めを行った上で，軒高9m以下で，スパンが13m以下の構造物で，かつ延べ面積が3000 m² 以下の場合にしか使用できないと規定されている．また，これを超えても，国土交通大臣が定めた基準に従った構造計算によって安全であることが確かめられた構造物には使用できるとされている．

7.2 ボルト

a. ボルト・ナット・座金

(1) ボルト・ナット・座金の規格および強度区分は，特記による．特記のない場合は，ボルトは JIS B 1180（六角ボルト）の附属書 JA の強度区分 4.8，ナットは JIS B 1181（六角ナット）の附属書の強度区分 5T，座金は JIS B 1256（平座金）の平座金または JIS B 1251（ばね座金）のばね座金とする．ボルトの機械的性質を表7.1に示す．なお，仕上げ程度は，中以上とする．

表7.1 ボルトの機械的性質

強度区分	4.6	4.8	5.6	5.8	6.8
最小引張強さ（N/mm²）	400	420	500	520	600

(2) ボルトとナットの組合せは，表7.2による．なお，ナットについては，表7.2の強度区分より上のものを用いてもよい．

表7.2 ボルトとナットの組合せ

ボルトの強度区分	4.6～5.8	6.8
ナットの強度区分	5T	6T

b. ボルト長さ

ボルト長さは，JIS B 1180 の表に示されている呼び長さで示し，締付け長さに応じて締付け終了後，ナットの外に3山以上ねじ山が出るように選定する〔表7.3参照〕．

表 7.3 締付け長さに加える長さ（単位：mm）

ねじの呼び		M 12	M 16	M 20	M 22	M 24
加える長さ	一重ナットの場合	20 以上	26 以上	30 以上	35 以上	37 以上
	二重ナットの場合	27 以上	36 以上	42 以上	48 以上	51 以上

 c. 座 金

  座金は，ボルト頭下およびナット下に各1枚使用する．

7.3 接合部の組立ておよびボルト締め

 a. ボルト孔

  ボルト孔径は，4.9「孔あけ加工」(6)による．ただし，母屋・胴縁などの非主要構造部材においては，この限りではない．

 b. ボルト締め

  ボルトは，ハンドレンチ，インパクトレンチなどを用いてゆるまないよう，かつ締めすぎないよう適切に締め付ける．

 c. 戻り止め

  構造上重要な部分および繰返し応力を受ける部分では，ばね座金またはロック機構の付いたものなどを使用し，適切な方法でナットの戻りを防止する．

 d. ボルト孔の食違いの修正

  接合部組立て時に積層した板間に生じた0.5 mmを超えるボルト孔の食違いは，リーマ掛けによる修正は行わず，スプライスプレートを交換する．ただし，母屋・胴縁などの非主要構造部材においては，この限りではない．

7.4 締付け後の検査

 a. 検 査

  ボルト締め完了後，下記のようなボルト接合の不適合の有無を全数にわたって検査する．

 （1） 所定の品質でないもの
 （2） 所定の寸法でないもの
 （3） 所定の戻り止めがないもの
 （4） 締め忘れまたはゆるみのあるもの
 （5） 締めすぎたもの
 （6） 余長が足りないもの

 b. ボルト接合の不適合の処理

 （1） 所定の品質・寸法でないものは，所定のものに取り替え，締め直す．
 （2） 所定の戻り止めがないものは，戻り止めを取り付ける．
 （3） 締め忘れたものは，再度，締付けを行い，ゆるみがあるものは締め付ける．

(4) 締めすぎたものは取り替える．
(5) 余長が足りないものは，取り替える．

8節 塗　　装

8.1　適用範囲
（1）屋外露出などの過酷な環境で使用する鉄骨に製作工場および工事現場で施す塗装工程の下塗りに適用する．塗装種別および範囲は，特記による．
（2）屋内で使用する鉄骨に施す場合の下塗りに適用する．塗装種別および範囲は，特記による．
（3）工事期間中のさびによる汚染を防ぐ目的で鉄骨に施す場合の塗装に適用する．塗料，事後の処理などについては特記による．

8.2　塗料および工法
a.　素地調整
（1）塗装する前には，必ず素地調整を施す．
（2）鋼材面の素地調整は表8.1に示すJASS 18の種別1種Bまたは2種とし，その選定は特記による．特記のない場合は2種とする．ただし，屋外露出などの過酷な環境で使用する鉄骨に施す塗装における下塗り用塗料として有機ジンクリッチプライマー，構造物用さび止めペイントまたは変性エポキシ樹脂プライマーを適用する場合は，1種Bとする．

表8.1　鋼材面素地調整の種別と工程

工程	種別		工程間隔時間
	1種B	2種	
汚れ・付着物除去	汚れ・付着物をワイヤブラシや研磨布などで除去		—
油類除去	溶剤ぶき	溶剤ぶき	—
さび落し	ブラストによりさび，黒皮を除去	ディスクサンダー，ワイヤホイルなどの動力工具を主体とし，スクレーパ，ワイヤブラシ，研磨布などの手工具を使用してさび落とし	ただちに次の工程に移る

（3）亜鉛めっき面の素地調整は表8.2に示すJASS 18の種別1種または2種とし，その選定は特記による．

表8.2 亜鉛めっき面の素地調整の種別と工程

工程	種別 1種	種別 2種	工程間隔時間
汚れ・付着物除去	汚れ・付着物をワイヤブラシや研磨布などで除去		—
油類除去	弱アルカリ性脱脂剤で加熱処理後湯または水洗い	溶剤ぶき	—
化成皮膜処理	りん酸塩化成皮膜処理後水洗い乾燥またはクロム酸塩もしくはクロメートフリー化成皮膜処理後，乾燥	—	ただちに次の工程に移る

b. 下塗り用塗料

（1） 素地調整の後に塗り付ける下塗り用塗料は，表8.3に示す塗料の中から選定することとし，その選定および塗り回数は特記による．

表8.3 下塗り用塗料

材料名	規格	使用環境および適用素地 屋内環境や工事期間中 鋼材面	屋外露出などの過酷な環境 鋼材面	屋外露出などの過酷な環境 亜鉛めっき面
鉛・クロムフリーさび止めペイント	JIS K 5674 1種，2種[*1]	○	—	—
水系さび止めペイント	JASS 18 M-111[*1]	○	—	—
変性エポキシ樹脂プライマー	JASS 18 M-109	—	○	○
有機ジンクリッチプライマー	JIS K 5552 2種	—	○	—
構造物用さび止めペイント	JIS K 5551 A種	—	○	—
エポキシ樹脂雲母状酸化鉄塗料	JASS 18 M-112[*2]	—	○	—

［注］ *1：屋内使用に限定，*2：塗り重ねの工程間隔が7日を超える場合に使用
［凡例］ ○：適用　—：適用しない

（2） 現場へ搬入された鉄骨の建方および本締めや溶接が終了した後に上塗りを施す場合，製作工場および工事現場で塗り付ける下塗り用塗料は，JASS 18に示される塗装仕様に準じて適用することとし，その選定は特記による．

（3） 耐火被覆を施す部分に塗装をする場合の塗料は，特記された耐火被覆材料との適合性を考慮して選定する．

c. 塗装作業

（1） 素地調整を行った鋼材面は活性となり，さびやすいため，ただちに塗装を行う．

（2） 塗装作業は塗装に適した環境のもとで行い，均一な塗膜が得られるように施工する．

（3） 以下のような状況では，塗装作業を中止する．

  i） 塗装場所の気温が5℃以下，または相対湿度が85％以上のとき．

　　　　ⅱ） 塗装時または塗膜の乾燥前に降雪・降雨・強風・結露などによって，水滴やじんあい（塵埃）などが塗膜に付着しやすいとき．
　　　　ⅲ） 炎天下で鋼材表面の温度が 50 ℃以上と高く，塗膜に泡を生じるおそれがあるとき．
　　（4） 塗装しない部分は，以下のとおりとする．塗装する場合は特記による．
　　　　ⅰ） 工事現場溶接を行う箇所およびそれに隣接する両側 100 mm 以内かつ超音波探傷検査に支障を及ぼす範囲
　　　　ⅱ） 高力ボルト摩擦接合部の摩擦面
　　　　ⅲ） コンクリートに埋め込まれる部分
　　　　ⅳ） ピン・ローラなど密着する部分や回転，摺動面で削り仕上げした部分
　　　　ⅴ） 組立てによって肌合せとなる部分
　　　　ⅵ） 密閉となる内面
　d． 工事現場溶接部の保護
　　　工場製作後，工事現場で溶接するまでに開先面にさびが発生することが予想されるときは，工場で開先面に付着した油などの汚れをよくふき取った後，溶接に支障のない塗料を塗り付ける．これ以外の処置については，特記による．
　e． 工事現場における部分塗装および補修塗装
　　　接合部などの未塗装部分および運搬またはワイヤなどによる塗膜の損傷部分は，種別 2 種の素地調整を施した後，ただちに工場塗装と同じ下塗り用塗料を塗り付ける．

8.3　検査および補修

　a． 塗装の検査
　　（1） 工場における検査は，素地調整をした面と塗装面について行う．ただし，工事現場における塗装面の検査をもって工場における検査を省略する場合は，特記による．
　　（2） 工事現場における下塗りおよび補修塗装の検査は，素地調整または下地調整した面と塗装面について行う．
　b． 検査の方法
　　（1） 検査は目視によって行う．
　　（2） 塗膜厚などの詳細な検査を行う場合は，特記による．その測定方法，測定時期，測定箇所，回数，判定方法は特記による．
　c． 塗膜の補修
　　（1） 塗膜に生じた著しい欠陥は，除去してから再塗装する．
　　（2） 塗膜厚の不足は増し塗りする．

9節　溶融亜鉛めっき工法

9.1　溶融亜鉛めっきの種類と品質
（1）　溶融亜鉛めっき（以下，めっきという）の種類と品質は，表9.1による．

表9.1　めっきの種類と品質

適用種別	規格	種類	記号	付着量（g/m^2）
形鋼・鋼板類	JIS H 8641	2 種	HDZ 55	550 以上
高力六角ボルトのセット			HDZ 55	550 以上
ボルト・ナット類			HDZ 35	350 以上
アンカーボルト類			HDZ 35	350 以上

（2）　厚さ6mm未満の形鋼・鋼板類の付着量は，特記による．

9.2　めっきする部材の計画および製作
a.　部材の最大寸法

　部材の寸法は，めっき槽の大きさを考慮し，一度づけでめっきできる寸法とする．

b.　部材の形状，寸法等
（1）　めっきを施す部材の断面形状は，できるだけ左右対称形にする．
（2）　溶接される部材の板厚の組合せおよびH形断面材のウェブとフランジの板厚の組合せは，薄い方の板厚に対する厚い方の板厚の比を，目安として2倍以内にする．
（3）　閉鎖形断面の鋼管，角形鋼管，溶接組立箱形断面材を使用し，閉鎖断面材の端面または内部にダイアフラムなどの鋼板を取り付ける場合，亜鉛・空気の流出入用の開口を設けるなどの処置を行い，めっき施工が正常に実施可能であるかを事前に確認する．
（4）　490 N/mm^{2}級を超える高張力鋼を使用する場合および冷間成形角形鋼管を使用する場合，割れが発生しないことを事前に確認する．
（5）　異なる板厚の鋼板，形鋼を組み合わせたトラス部材等をめっきする場合，過度の変形が発生しないことを事前に確認する．
（6）　H形断面材のウェブ板厚は，せいの1/50以上を目安とする．
（7）　溶接組立H形断面材において，せいが600 mm以上の場合，せいの1.5倍以内の間隔を目標に9 mm厚以上のスチフナを取り付ける．ただし，すでに同様の部材へのめっきにおいて，ねじれ等の過度の変形が発生しないことを確認した場合は，この限りではない．
（8）　三方向が鋼板で囲まれる隅角部では，一方向のスチフナまたはウェブに亜鉛・空気流出

用の円形孔またはスカラップを加工する．円形孔の径は，35 mm 以上を目安とする．
（9） 軽量形鋼は，板厚 3.2 mm 以上を原則とする．

c. 溶　　　接
（1） 柱梁接合部などの完全溶込み溶接は，裏はつりを併用する両面溶接で施工する．ただし，工事監理者の承認を受けることによって，裏当て金を用いた片面溶接で施工できる．その場合，（4）の断続溶接に関する注意に従う．
（2） 柱梁接合部にはスカラップを設けず，空気・亜鉛流出用の円形孔を梁ウェブに加工する．円形孔の径は 35 mm 以上を目安とする．ただし，工事監理者の承認を受けることによって，スカラップを設ける工法に変更できる．
（3） 柱梁接合部などの完全溶込み溶接の両端は，溶接後に端部をはつり，回し溶接を行って施工する．ただし，工事監理者の承認を受けることによって，鋼製エンドタブ，または固形エンドタブを用いて溶接できる．
（4） 隅肉溶接は全周を溶接し，未溶接部を残してはならない．断続溶接を行う場合，未溶接部のすき間に発生した不めっき部を適正に処理し，防せい処理を施さなければならない．
（5） 重ね継手を隅肉溶接で施工する場合，重なる部分の面積は，概ね 400 cm^2 以下にする．重なる部分の面積を 400 cm^2 以下にすることが不可能な場合は，超える面積に応じて栓溶接を行う．
（6） めっき施工によって割れなどの発生が危惧される形状・寸法の部材の場合，ガセットプレート，スチフナ，リブなどの溶接始終端ならびにスカラップの回し溶接をグラインダでなめらかに仕上げる．

d. 仕　上　げ
めっき作業に先立ち，溶接スラグ，スパッタは，ブラスト処理またはジェットたがねなどを用い，ていねいに除去する．

9.3 めっき作業

めっき作業は，JIS マーク表示認証工場において行う．

9.4 めっき部材の矯正，検査および補修

a. 矯　　　正
めっきにより部材に生じたひずみは，プレス，ローラ，ジャッキなどを用い，常温加圧で矯正する．この際，めっき面保護のため，木片などの当て物を使用する．加熱矯正は行ってはならない．

b. 検　　　査
この検査は，施工者らの社内検査および受入検査に適用する．
（1） めっき前の部材の製品検査は，10 節「検査」による．
（2） めっき後に寸法精度検査・外観検査を行う．寸法精度検査は，付則 6「鉄骨精度検査基

準」に示されている梁の曲がり，柱の曲がり，ウェブの曲がりを対象に行う．外観検査に関する項目と合否判定基準は，表9.2による．
(3) 付着量試験を行う場合は，特記による．

表9.2 検査項目と合否判定基準

項　目		検査対象	合否判定基準
外観検査	割　れ	全部材	あってはならない
	不めっき		直径2mmを超えるものがあってはならない
	きず・かすびき		有害なものがあってはならない
	摩擦面のたれ		あってはならない
	開先面のめっき付着		開先面およびそれらに隣接する100mm以内の範囲，かつ超音波探傷検査に支障を及ぼす範囲にあってはならない

c. 補　修
(1) 検査で発見された不適合箇所は，表9.3に示す要領で補修する．
(2) 割れを発見した場合は，工事監理者に報告し，その補修方法について承認を得なければならない．

表9.3 不適合箇所の補修方法

欠　陥	補修方法
不めっき きず	・局所的な欠陥が点在する場合 　ワイヤブラシで入念に素地調整を行った後，高濃度亜鉛末塗料（金属亜鉛末を90％以上含むもの）を2回以上塗り付ける ・欠陥部が広範囲にわたる場合 　再めっきを行う
かすびき	やすりまたはグラインダにより平滑に仕上げる
摩擦面のたれ	ボルト孔および摩擦面に生じたたれは，やすりまたはグラインダを用いて除去するか，または平たんに仕上げる
開先面のめっき付着	やすりまたはグラインダにより完全に除去する

9.5 溶融亜鉛めっき高力ボルト接合

溶融亜鉛めっき高力ボルトを使用する場合，施工管理および締付けは，溶融亜鉛めっき高力ボルト技術協会の資格認定を受けた技術者および技能者が行う．

a. 溶融亜鉛めっき高力ボルトのセット

溶融亜鉛めっき高力ボルトのセット（以下，めっき高力ボルトという）は，建築基準法第37条に基づいて，国土交通大臣の認定を受けたものとする．そのセットは，表9.4の溶融亜鉛めっき高力六角ボルト1個，溶融亜鉛めっき高力六角ナット1個，溶融亜鉛めっき高力平座金

表9.4　めっき高力ボルトの種類と等級

セットの種類		適用する構成部品の機械的性質による等級		
機械的性質による種類	トルク係数値による種類	ボルト	ナット	座　金
1　種	A	F 8T	F 10	F 35

　　2個によって構成する．
b.　めっき高力ボルトの長さ
　　めっき高力ボルトの長さは6.1　高力ボルト　b．高力六角ボルト（2）に準じる．
c.　めっき高力ボルトの孔径
　　めっき高力ボルトの孔径は表4.2の高力ボルトに準じる．
d.　摩擦面の処理
　　すべり係数が0.40以上確保できる摩擦面の処理方法は，下記のブラスト処理またはりん酸塩処理のいずれかの方法とし，これ以外の特別な処理を施す場合は特記による．
　（1）　ブラスト処理
　　　　摩擦面はめっき後，軽くブラスト処理を施し，表面粗さは$50\,\mu m Rz$以上とする．
　　　　摩擦面のブラスト処理の範囲は，図9.1による．
　（2）　りん酸塩処理
　　　　摩擦面はめっき後，りん酸塩処理を施し，対比試験片と照合して，すべり係数が確保される状態であることを確認する．りん酸塩処理の範囲は，ブラスト処理の場合と同様とする．

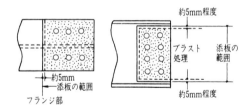

図9.1　ブラスト処理の範囲例

e.　すべり試験
　　d．（1），（2）以外の場合にはすべり試験を行うものとし，すべり試験は，原則としてすべり係数試験とする．なお，すべり係数試験は標準試験片か，または実情に合わせた試験片を用い，締付け後24時間以上経過した後に行う．
f.　接合部の組立て
　（1）　ボルト孔の修正は，6.3「接合部の組立て」のb．による．なお，修正したボルト孔内面は，高濃度亜鉛末塗料を塗り付ける．

(2) 接合部に肌すきがある場合の処理は，6.3「接合部の組立て」のa.（2）による．なお，フィラープレートは，めっきした後両面とも摩擦面の処理をする．

g. めっき高力ボルトの締付け

めっき高力ボルトの締付けは，ナット回転法によって行う．ナット回転法による締付け手順は，高力六角ボルトに準じる．なお，めっき高力ボルトの1次締めトルクと1次締め後を起点とした締付け完了時のナット回転量は表9.5による．

表9.5 めっき高力ボルトの1次締めトルクとナット回転量

ねじの呼び	1次締めトルク（N・m）	ナット回転量
M 16	約 100	120°
M 20，M 22	約 150	120°
M 24	約 200	120°
M 27	約 250	120°
M 30	約 250	120°

h. 締付け後の検査

締付け後の検査は，6.6. b.「高力六角ボルト」による．

9.6 めっき部材の溶接

めっき後の部材に溶接を行ってはならない．やむを得ずめっき後に溶接を行う場合は，溶接欠陥が極力発生しない前処理方法を採用しなければならない．それらの方法は，工事監理者の承認を受ける．

9.7 めっき構造物の施工

a. 荷扱い

めっき部材の荷扱いは，めっき面をきずつけないように行う．

b. 保管

(1) めっき部材は，部材間に桟木を使うなど，通風のよい状態で保管する．

(2) めっき高力ボルトは，種類，等級，径，長さ，ロット番号ごとに区分し，雨水，じんあい（塵挨）などが付着せず，温度変化の少ない適切な場所に保管する．

c. 建方

(1) めっき部材の建方は，12.4「建方」による．

(2) 建入れ直しの際には，めっき面にきずがつかないように養生を行う．

(3) 荷扱いおよび建方によって，めっき面にきずが発生した場合の補修は，9.4「めっき部材の矯正，検査および補修」のc.による．

10節 検　　査

10.1　一般事項

（1）　鉄骨を対象とする検査は，製作工場および工事現場にて行う．製作工場での検査は，本項（2）以降および10.2〜10.4項によるものとし，工事現場での検査は，10.5「工事現場での検査」による．

（2）　製作工場での検査は，製作の途上および完了段階で鉄骨製作業者が自主的に行う社内検査，製作途上の材料・部材に対して施工者が行う中間検査，および工場製作の完了した部材に対して施工者が行う受入検査に分けて実施するものとし，それぞれ10.2「社内検査」，10.3「中間検査」，10.4「受入検査」による．

（3）　工場製作の完了した部材を対象として行われる製品検査は，社内検査および受入検査により行うものとし，特記のない場合，検査の種類は，寸法精度検査・取合部検査・部材表面および切断面の外観検査・溶接部の外観検査・溶接部の内部欠陥検査・スタッド溶接部検査・工場締め高力ボルトの締付け検査・付属金物類検査・塗装検査・出来高検査とし，このうち当該工事に関係するものをいう．

（4）　前項の各検査のうち，本節において規定していない検査の検査項目・方法・数量・合否判定基準・実施時期などは，特記による．

（5）　中間検査・受入検査にあたって，鉄骨製作業者は検査に必要な協力を行うものとする．また，検査後に発見された製作上の不適合に対する責任は，鉄骨製作業者が負うものとする．

（6）　寸法精度検査は，製品寸法を測定し，所定の寸法精度であることを確認する検査であり，付則6「鉄骨精度検査基準」の付表4「製品」の規定による．

（7）　取合部検査は，高力ボルト接合部および溶接接合部のうち工事現場接合される部分についての寸法および表面の状態を確認する検査であり，4節「工作」の規定による．

（8）　部材表面および切断面の外観検査は，4節「工作」の規定による．

（9）　溶接部の外観検査は，10.4「受入検査」のe．「溶接部の外観検査」の規定による．

（10）　付属金物類検査は，製品に取り付けられた仮設・設備・鉄筋工事・内外装に関連する金物類の寸法・位置，取付け溶接部の外観等を確認する検査である．

（11）　製品検査の結果，発見された不適合箇所はすみやかに補正を行う．ただし，重大な不適合箇所の処置については協議する．

（12）　塗装の指定がある場合，原則として，塗装検査以外の検査が終了した後に塗装を実施する．塗装検査は，8.3「検査および補修」による．

（13）　めっきの指定がある場合，原則として，めっき後の検査以外の検査が終了した後にめっ

きを実施する．めっき後の検査は，9.4「めっき部材の矯正，検査および補修」による．

10.2 社内検査

(1) 鉄骨製作業者は，加工の各段階で社内検査を行う．それらの結果は，必要に応じて記録に残す．中間検査および受入検査の対象項目については社内検査成績表として記録し，施工者の要求に応じて提出する．

(2) 社内検査のうち，製品の寸法精度検査については，検査結果を測定寸法の設計寸法に対する差として社内検査成績表に記録する．この寸法精度検査において，特記のない場合の検査項目は，付則6「鉄骨精度検査基準」における，柱の長さ・階高・仕口部の長さ・柱のせい・仕口部のせい・梁の長さ・梁のせいとし，これらの項目について全数検査とする．

(3) 社内検査のうち，溶接部の検査については，溶接部のすべてを検査対象範囲とし，溶接部の外観および内部欠陥に対する検査を行う．検査方法は，10.4「受入検査」のe.「溶接部の外観検査」およびf.「溶接部の内部欠陥検査」に対応した適切な方法とする．

(4) 社内検査のうち，スタッド溶接部については，10.4「受入検査」のg.「スタッド溶接部の検査」に対応した適切な方法により行う．

(5) 社内検査のうち，上記(2)(3)(4)以外の検査については，目的に応じた適切な方法で検査する．

10.3 中間検査

(1) 施工者が中間検査を行う場合は，特記による．

(2) 中間検査を行う場合の検査項目・方法・数量・合否判定基準・実施時期などは，特記による．

10.4 受入検査

a. 一般事項

社内検査後，施工者は受入検査を行うものとする．

b. 寸法精度検査

製品の寸法精度の受入検査は，以下の各項による．

(1) 製品の寸法精度の受入検査方法には書類検査と対物検査があり，対物検査を行う場合は特記による．

(2) 書類検査の検査方法は，特記のない場合，10.2「社内検査」(2)の社内検査成績表に対する検査とし，付則7「寸法精度受入検査基準」に示す「書類検査」による．

(3) 対物検査を行う場合は，付則7「寸法精度受入検査基準」に示す「対物検査1」，「対物検査2」，あるいはその他の方法によるものとし，その種類は特記による．

(4) 書類検査で不合格となった場合は，その検査項目に対して全数，対物による寸法検査を行う．

（5） 検査の結果，限界許容差，または特記のある場合にはその許容差を超えて不適合となった製品は，修正または再製作等の処置を行い，再検査する．

c. 取合部検査

取合部検査は，特記のない場合，10.1「一般事項」（7）による．

d. 部材表面，切断面の外観検査

部材表面，切断面の外観検査は，特記のない場合，10.1「一般事項」（8）による．

e. 溶接部の外観検査

溶接部の外観検査は表面欠陥および精度に対して行い，検査対象範囲，検査方法，合否判定基準は特記による．特記のない場合，以下の項目による．

（1） 検査対象範囲は，溶接部のすべてとする．検査項目は，付則6「鉄骨精度検査基準」の付表3「溶接」に示される17項目のうち，スタッド溶接を除く16項目とする．

（2） 検査方法は，表面欠陥および精度に対する目視検査とし，基準を逸脱していると思われる箇所に対してのみ，適正な器具で測定する．

（3） 合否判定基準は，付則6「鉄骨精度検査基準」に定める限界許容差による．

（4） 完全溶込み溶接部の外観検査は抜取検査とし，抜取箇所はf.「溶接部の内部欠陥検査」と同一とする．

（5） 溶接部に明らかに割れと判定される欠陥が確認された場合は，同様の溶接部に対して全数検査を行う．

（6） 外観検査で不適合となった溶接部はすべて補修を行い，再検査して適合とならなければならない．補修は工事監理者と協議して行う．特に指示のない場合は，5.13「溶接部の補修」のb.「補修方法」による．

f. 溶接部の内部欠陥検査

溶接部の内部欠陥の検査対象範囲，検査方法，合否判定基準は，特記による．特記のない場合は，下記による．

（1） 検査対象範囲は，完全溶込み溶接部のすべてとする．

（2） 検査方法は，超音波探傷検査による．その試験方法は，本会編「鋼構造建築溶接部の超音波探傷検査規準・同解説」による．

（3） 合否判定基準は，本会編「鋼構造建築溶接部の超音波探傷検査規準・同解説」7.2.1（1）「溶接部に引張応力が作用する場合」による．

（4） 超音波探傷検査は抜取検査とし，次の方法による．ただし，溶接部に明らかに割れと判定される欠陥が確認された場合の方法は，協議により定める．

　　ⅰ） 検査箇所数の数え方

　　　　ロットを構成する検査箇所数の数え方は，表10.1による．

　　ⅱ） 検査ロットの構成

　　　　検査箇所300箇所以下で1検査ロットを構成する．また，検査ロットは溶接部位ごとに構成する．すなわち，柱梁溶接部，柱柱溶接部，スチフナやダイアフラムの溶接部，

表10.1 検査箇所数の数え方

部位	柱梁溶接部	柱柱溶接部	箱形断面柱の角溶接部	十字柱のスチフナ溶接部
溶接箇所	1溶接箇所 1溶接箇所	箱形断面柱: 1溶接箇所×4 角形鋼管柱: 1溶接箇所×4 円形鋼管柱: 1溶接箇所×4	角溶接部 1溶接箇所 完全溶込み溶接部	1溶接箇所 スチフナ 1溶接箇所 1溶接箇所
溶接箇所数の合計	2箇所	4箇所	溶接長さが1800 mmの場合，6箇所×4	スチフナが2箇所 梁フランジが1箇所
検査箇所数の数え方	1溶接箇所を1検査箇所とする．1溶接箇所の長さが300 mmを超える場合は溶接長さ300 mmを1検査箇所とし，300 mmごとに区切って端数が150 mm以上ある場合には1検査箇所とする．150 mm未満の場合は，隣接する部分に加える．			

　角継手の溶接部などはそれぞれ別の検査ロットとする．ただし，検査箇所数が100箇所以下の部位については，溶接方法，溶接姿勢，開先標準などが類似する他の部位と一緒にして検査ロットを構成してもよい．

　さらに，検査ロットは，節ごとに区切って構成する．もし，1検査ロットの検査箇所数が300箇所を超える場合は，階ごとまたは工区ごとに区切る．

　　ⅲ）サンプリング

　　　検査ロットごとに合理的な方法で大きさ30個のサンプリングを行う．

ⅳ）ロットの合否判定

　　　　大きさ30個のサンプル中の不適合数が1個以下のときはロットを合格とし，4個以上のときはロットを不合格とする．ただし，サンプル中の不適合数が1個を超え4個未満のときは，同じロットからさらに30個のサンプルを抜取検査する．総計60個のサンプルについての不適合数の合計が4個以下のときはロットを合格とし，5個以上のときはロットを不合格とする．

　　　ⅴ）ロットの処置

　　　　合格ロットはそのまま受け入れ，不合格ロットは残り全数の検査を行う．

　（5）内部欠陥の検査で不適合となった溶接部は，すべて補修を行い，再検査して適合とならなければならない．補修は工事監理者と協議して行う．特に指示のない場合は5.13「溶接部の補修」のb.「補修方法」による．

g.　スタッド溶接部の検査

　（1）スタッド溶接部のすべてを対象として，カラーがスタッドの軸全周にわたって形成されており，スタッド軸部および母材部に，鋭い切欠き状のアンダーカットが生じていないことを目視で検査する．カラーが不適切なスタッドについては打撃曲げ検査を行い，曲げ角度15°で溶接部に割れその他の欠陥が生じない場合には，そのスタッドを適合とする．

　（2）溶接後の仕上がり高さおよび傾きの検査は，以下により行う．

　　　ⅰ）ロットの構成とサンプリング

　　　　スタッド溶接後の仕上がり高さおよび傾きの検査は，100本または主要部材1本または1台に溶接した本数のいずれか少ないほうを1ロットとし，1ロットにつき1本行う．検査する1本をサンプリングする場合，1ロットの中から全体より長いかあるいは短そうなもの，または傾きの大きそうなものを1本選択する．

　　　ⅱ）合否の判定

　　　　検査には適正な測定器具を用いる．また，合否の判定は，付則6「鉄骨精度検査基準」に定める限界許容差による．検査したスタッドが適合の場合は，そのロットを合格とする．

　　　ⅲ）ロットの処置

　　　　合格ロットはそのまま受け入れる．ⅱ）で不合格となった場合は，同一ロットからさらに2本のスタッドを検査し，2本とも適合の場合はそのロットを合格とする．ただし，これら2本のスタッドのうち1本以上が不適合となった場合，そのロット全数について検査する．

　（3）打撃曲げ検査は，以下により行う．なお，社内検査で打撃曲げ検査がすでに実施されている場合は，それを確認することにより，受入検査とすることができる．

　　　ⅰ）ロットの構成とサンプリング

　　　　スタッド打撃曲げ検査は，100本または主要部材1本または1台に溶接した本数のいずれか少ないほうを1ロットとし，1ロットにつき1本行う．

ii) 合否の判定

曲げ角度15°で溶接部に割れその他の欠陥が生じない場合には，そのロットを合格とする．

iii) ロットの処置

合格ロットは，そのまま受け入れる．ii）で不合格となった場合は，同一ロットからさらに2本のスタッドを検査し，2本とも適合の場合はそのロットを合格とする．ただし，これら2本のスタッドのうち1本以上が不適合となった場合，そのロット全数について検査する．

（4） 不適合箇所は，5.13「溶接部の補修」のc.「スタッド溶接部の補修」により補修し，再検査する．

h. 工場締め高力ボルトの締付け後の検査

工場締め高力ボルトの締付け後の検査は，6.6「締付け後の検査」による．

i. 出来高検査

出来高検査は，契約対象部材数に対する製作完了部材数の数量検査であり，建方工程に支障のない製作完了部材数であることを確認する．

10.5 工事現場での検査

工事現場での検査は，12節「工事現場施工」の各施工項目に対して，検査する．

（1） 定着の精度の検査は，12.3「定着」のj.「施工精度」による．

（2） 建方の精度の検査は，12.5「建方精度」による．

（3） 高力ボルト接合における締付け後の検査は，6.6「締付け後の検査」による．

（4） 工事現場溶接部の検査は，特記による．特記のない場合，検査は全数検査とし，検査方法および合否の判定は，10.4「受入検査」のe.「溶接部の外観検査」（1）（2）（3）（5）（6）およびf.「溶接部の内部欠陥の検査」（1）（2）（3）（5）による．

（5） スタッド溶接部の検査は，10.4「受入検査」のg.「スタッド溶接部の検査」による．

（6） 工事現場での塗装の検査は，8.3「検査および補修」のa.「塗装の検査」による．

（7） 耐火被覆の検査は，13.3「検査および補正」による．

11節 発　　送

11.1　製品の仕分け
（1）　製品符号図は，建方時に支障を生じないように明確なものとする．
（2）　各製品には，製品符号図に基づいた製品符号を明示し，必要に応じて取合い符号も記入する．
（3）　単一製品で重量が5トンを超えるものには，重量を明示する．また，形状が複雑であったり非対称の部材などで重心がわかりにくいものは，危険防止のため，製品に重心位置を明示する．
（4）　製品発送明細表を作成し，建方順序に従い符号・数量などを照合する．

11.2　輸送計画および発送
（1）　輸送計画は，建方計画に支障のないように定め，関係法令に基づいたものとする．
（2）　発送にあたっては，製品を損傷しないように十分注意し，特に輸送中に荷くずれ，製品に損傷を与えないよう適切な防護措置を施す．
（3）　ボルトその他の小物は，適切な荷造りの上，内容を明示する．

12節　工事現場施工

12.1　適用範囲

　ここでいう工事現場施工とは，工事現場に搬入された各部材の仕分け・地組・建方および部材相互の接合によって，鉄骨工事が完了するまでの作業およびこれらに関する仮設工事，さらに鉄骨骨組の品質・精度，後続して付帯する工事を対象とする．

12.2　鉄骨工事計画と管理

　a.　工事管理組織

　　工事現場における施工者は，必要に応じ鉄骨工事担当技術者（以下，担当技術者という）を定め，担当業務とその責任を明確にしなければならない．

　b.　鉄骨工事計画

　　計画に際し，担当技術者は，設計図書をはじめ現場状況や制約条件を調査・確認し，各種検査の計画を立案した上で施工計画書を作成し，工事監理者の承認を受ける．

　c.　管　　理

　　担当技術者は，計画に基づいて，鉄骨工事の各工程で検査および確認を行い，設計図書に示された品質を確保する．

12.3　定　　着

　a.　適用範囲

　　（1）　本項は，鉄骨部材と鉄筋コンクリート部材の接合（定着）の代表的部位である柱脚の工事現場施工のうち，アンカーボルト，ベースモルタルおよびナットの締付けを対象とする．

　　（2）　柱脚以外の定着部は，本項に準じて施工する．

　　（3）　定着部のうち，鉄筋コンクリートの工事はJASS 5による．

　b.　柱脚の形式

　　鉄骨柱の柱脚には，以下の3形式がある．

　　（1）　露出形式

　　（2）　根巻き形式

　　（3）　埋込み形式

　c.　アンカーボルト

　　アンカーボルトは，構造耐力を負担するものと，構造耐力を負担しないで鉄骨建方時のみに使用するものがあり，前者を構造用アンカーボルト，後者を建方用アンカーボルトと呼ぶ．どちらのアンカーボルトを使用するかは特記による．

d. アンカーボルトの形状・寸法および品質

　構造用アンカーボルトは，JIS B 1220（構造用両ねじアンカーボルトセット）に適合した製品とし，その種類・形状・寸法は特記による．その他のアンカーボルトを使用する場合は，特記による．建方用アンカーボルトの材質は特に定めないが，形状・寸法は特記による．

e. アンカーボルトの保持および埋込み

　アンカーボルトの保持および埋込方法は，特記による．特記のない場合，構造用アンカーボルトでは，鋼製フレームなどに固定する方式とする．建方用アンカーボルトについての固定方法は，特に定めない．

f. アンカーボルトの養生

　アンカーボルトは，据付けから鉄骨建方までの期間に，さび，曲がり，ねじ部の打こんなどの有害な損傷が生じないように，ビニールテープ，塩ビパイプ，布などにより，養生を行う．

g. ベースプレートの支持

　ベースプレートの支持工法は，特記による．特記のない場合は，ベースモルタルの後詰め中心塗り工法とする．

h. ベースモルタルの形状・寸法および品質

（1）　モルタルの強度は特記による．

（2）　後詰工法に使用するモルタルは，無収縮モルタルとする．

（3）　モルタルの塗厚さは，30 mm 以上 50 mm 以下とする．

（4）　中心塗りモルタルの大きさは，200 mm 角あるいは 200 mmφ 以上とする．

i. ベースモルタルの塗付けと養生

（1）　モルタルに接するコンクリート面は，レイタンスを除去し，十分に目荒らしを行ってモルタルとコンクリートが一体となるように施工する．

（2）　ベースモルタルは，鉄骨建方までに 3 日以上の養生期間をとらなければならない．

j. 施 工 精 度

（1）　アンカーボルトの位置

　コンクリートの硬化後，アンカーボルトの位置を測定する．位置の精度は，特記のない場合，付則 6「鉄骨精度検査基準」による．

（2）　アンカーボルトの余長

　ボルト上部の余長（ナット面からの出の高さ）は，特記による．特記のない場合は，二重ナット締めを行ってもねじ山が外に 3 山以上出ることを標準とする．

（3）　ベースモルタルの高さ

　モルタルの仕上面は，柱の建方前にレベル検査を行う．仕上面の精度は，特記のない場合，付則 6「鉄骨精度検査基準」による．

k. ナット締付け

（1）　ナットの締付けは，建入れ直し完了後，アンカーボルトの張力が均一になるように行う．ナットの戻り止めは特記による．特記のない場合は，コンクリートに埋め込まれる場合を

除き，二重ナットを用いて戻り止めを行う．
（2） アンカーボルトの締付け力および締付け方法は，特記による．特記のない場合は，締付け方法はナット回転法で行い，ナットの密着を確認した後，30°回転させる．

12.4 建　　方
a. 建方計画

建物の規模・形状・敷地および工程などの条件を踏まえ，搬入方法，建方順序，建方機械，荷さばき方法などの建方計画を決定する．この際，建方途中の部分架構や建方後の全体架構が固定荷重，積載荷重，風荷重，地震荷重，積雪荷重，建方機械の衝撃荷重などに対して安全であることを確認する．また，これらの荷重が構造体の品質を劣化させないことを確認する．

b. 建方機械

最大荷重，作業半径，作業能率などにより建方機械を選定する．この際，建方機械および建方機械を設置する構造体，架台，路盤，構台などが，固定荷重，積載荷重，風荷重，地震荷重，クレーン運転時の衝撃荷重などに対して安全であることを確認する．

c. 搬入・仕分け

（1） 製品の受入れ

製品の受入れに際しては，鉄骨製作業者の送り状と照合し，製品の数量および変形・損傷の有無などを確認する．

（2） 製品の取扱い

製品を取り扱う際は，部材を適切な受台の上に置き，変形・損傷を防ぐ．部材に変形・損傷が生じた場合は，建方前に修正する．

d. 地　　組

地組を行うときは，適切な架台・治具などを使用し，地組部材の寸法精度を確保する．接合は，12.6「工事現場接合」に準ずる．

e. 建方用設備・器具

建方に使用するワイヤロープ，シャックル，吊金物などは，許容荷重範囲内で正しく使用する．また，定期的に点検し，損傷のあるものは廃棄する．

f. 建入れ直し

（1） 建入れ直しのために加力するときは，加力部分を養生し，部材の損傷を防ぐ．

（2） ターンバックル付き筋かいを有する構造物においては，その筋かいを用いて建入れ直しを行ってはならない．

（3） 建入れ直しは，12.5「建方精度」の規定を満足するよう行う．

（4） 架構の倒壊防止用ワイヤロープを使用する場合，このワイヤロープを建入れ直し用に兼用してよい．

g. 仮ボルトの締付け

建方作業における部材の組立てに使用し，本締めまたは溶接までの間，予想される外力に対

して架構の変形および倒壊を防ぐためのボルトを仮ボルトと呼ぶ．

(1) 図 12.1 (a) ～ (c) に示す一般的な高力ボルト継手では，仮ボルトは中ボルトなどを用い，ボルト一群に対して 1/3 程度かつ 2 本以上をウェブとフランジにバランスよく配置して締め付ける．

(2) 図 12.1 (d) に示す混用接合または併用継手では，仮ボルトは中ボルトなどを用い，ボルト一群に対して 1/2 程度かつ 2 本以上をバランスよく配置して締め付ける．ウェブのボルトが 2 列以上の場合は，安全性を検討した上で 1/2 以下に減じてよい．

(3) 溶接継手におけるエレクションピースなどに使用する仮ボルトは，高力ボルトを使用して全数締め付ける〔図 12.2〕．

(4) 仮ボルト締付けにおける一群は，図 6.2 に示した本締め用高力ボルトの一群とは異なる．上記の各項を適用しない場合は，風荷重，地震荷重および積雪荷重等に対して接合部の安全性の検討を行い，その検討結果に応じた処置を施す．

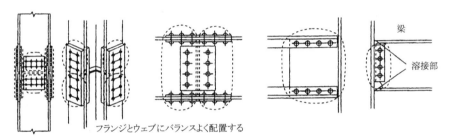

(a) 柱継手の場合　(b) フルウェブの梁の継手の場合　(c) 梁ガセット接合の場合　(d) フランジ溶接ウェブ高力ボルト接合（混用接合）の場合

図 12.1　仮ボルト締付けにおける一群の考え方

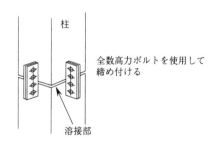

図 12.2　エレクションピースの仮ボルト

12.5　建方精度

a.　計　　測

(1) 建方精度の測定にあたっては，温度の影響を考慮する．骨組全体，鋼製巻尺，器具の温度による変動が少なくなるような時刻に測定する．

(2) 工事現場で使用する鋼製巻尺は，4.2「鋼製巻尺」に規定したものを基準として用いる．

b. 接合部の精度

接合部の精度は，特記のない場合，付則 6「鉄骨精度検査基準」の付表 1「工作および組立て」，付表 2「高力ボルト」，付表 3「溶接」による．

c. 建方の精度

建方の精度は，特記のない場合，付則 6「鉄骨精度検査基準」の付表 5「工事現場」による．

12.6 工事現場接合

a. 高力ボルト接合

高力ボルト工事現場締付けに先立ち，6節「高力ボルト接合」に従って，ボルトの種類・張力管理方法・施工順序等を明示した高力ボルト締付け施工要領書を作成し，計画に基づいた施工・管理を行う．

b. 工事現場溶接

工事現場溶接に先立ち，5節「溶接」に従って，管理組織・溶接技術者・溶接方法・溶接技能者・溶接オペレータ・溶接機器および補修方法等を明示した溶接施工要領書を作成し，計画に基づいた施工・管理を行う．設計図書により指示された以外の溶接方法を採用する場合には，工事監理者の承認を受ける．

(1) 管理組織

あらかじめ溶接技術者を定め，作業分担と責任を明確にし，計画に基づいた組織的な管理を行う．

(2) 溶接方法

工事現場溶接は特記のない場合，被覆アーク溶接，ガスシールドアーク溶接およびセルフシールドアーク溶接を用いる．

(3) 溶接技能者・溶接オペレータ

工事現場溶接に従事する溶接技能者・溶接オペレータは，5.4「溶接技能者および溶接オペレータ」に従うとともに，工事現場溶接に関して十分な知識と技量を有するものとする．なお，技量付加試験を行う場合は，特記による．

(4) 溶接機器および溶接材料

溶接機器は工事現場に適したもので，溶接技能者・溶接オペレータに対して取扱いを習熟させておかなければならない．

溶接材料の選定および管理については，5.5「溶接材料」による．

(5) 溶接施工

工事現場溶接の施工に関しては，特記のない場合，5.6「開先の確認および母材の清掃」，5.7「溶接施工一般」，5.8「完全溶込み溶接」，5.9「隅肉溶接」による．施工順序は，溶接ひずみの建方精度への影響を考慮して定める．

(6) 検査および補修

工事現場溶接における検査は，10.5「工事現場での検査」による．補修は，特記のない

場合，5.13「溶接部の補修」による．
c． ボルト接合

ボルト接合は，特記のない場合，7節「ボルト接合」に従って施工する．

d． 混用接合

ウェブを高力ボルト工事現場接合，フランジを工事現場溶接接合とする混用接合は，原則として高力ボルトを先に締め付け，その後に溶接を行う．

混用接合において，特に梁せいや梁フランジ厚が大きい場合に，高力ボルトを先に締め付け，その後に溶接を行うと，溶接部に割れなどの欠陥を生じることがある．このような場合は，高力ボルトを1次締めした段階で溶接を行い，その後に本締めを行うなどの方法を検討する．

e． 併用継手

高力ボルトと溶接の併用継手は，原則として，高力ボルトを先に締め付け，その後に溶接を行う．

12.7 デッキプレートと頭付きスタッド

a． デッキプレート

デッキプレートは次の三種類に分類され，種類の選定は特記による．

（1） 合成スラブ用デッキプレート

JIS G 3352 に適合するデッキプレートでデッキ合成スラブに使用するものとする．ただし，デッキ複合スラブまたはデッキ構造スラブあるいは鉄筋コンクリートスラブの型枠用としても使用できる．

（2） 床型枠用鋼製デッキプレート（フラットデッキ）

（一社）公共建築協会の「建築材料・設備機材等品質性能評価事業」において評価されたものとする．鉄筋コンクリートスラブの型枠用として使用する．

（3） プレーンデッキプレート

JIS G 3352 に適合するデッキプレートでデッキ複合スラブおよびデッキ構造スラブに使用するか，あるいは鉄筋コンクリートスラブの型枠用として使用する．

b． 頭付きスタッド

頭付きスタッドの種類は，JIS B 1198 による．

c． 溶接技能者

（1） 溶接技能者は原則として，5.4「溶接技能者および溶接オペレータ」に規定する溶接技能者のうち，少なくとも基本となる級（下向溶接）の有資格者とする．

（2） 焼抜き栓溶接に従事できる溶接技能者は，5.4「溶接技能者および溶接オペレータ」に規定する溶接技能者のうち，少なくとも基本となる級（下向溶接）の有資格者とする．

（3） スタッド溶接に従事できる溶接技能者は，5.4「溶接技能者および溶接オペレータ」のe．「スタッド溶接技能者」による．

d． デッキプレートの施工

(1) 割付図

施工に先立ち割付図を作成し,適切な施工方法とデッキプレートの長さ,数量を確認する.

(2) 荷扱い等

デッキプレートを変形させないよう扱うとともに,雨露に注意して保管する.

(3) 敷込み

ⅰ) デッキプレートの敷込みに先立ち,梁上面の油,浮きさび等の敷込みに有害な汚れを除去し,デッキ受け材の確認を行う.柱回り,梁継手部等は必要によりデッキプレートを切り欠き,デッキ受け材になじませる.

ⅱ) デッキプレートは,梁へのかかり代を確保し,割付けを示すマーキングに基づき,通り良く不陸のないように敷き込み,落下や飛散に注意する.

(4) デッキプレートと梁との接合

ⅰ) 頭付きスタッドで面内せん断力を梁に伝える場合,デッキプレートを鉄骨梁に密着させ,強風や突風によって飛散しないように,また,コンクリート打設時に移動,変形しないようにアークスポット溶接または隅肉溶接等ですみやかにデッキプレートを梁に接合する.

ⅱ) デッキ合成スラブで頭付きスタッドを使わない場合は,焼抜き栓溶接,打込み鋲または隅肉溶接等の接合工法とする.これらの接合工法を用いる場合は,デッキプレートを鉄骨梁に密着させ接合を行う.ただし,焼抜き栓溶接の最小溶接箇所は,図12.3による.

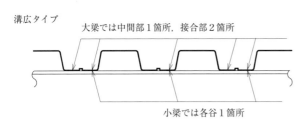

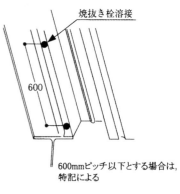

図12.3 焼抜き栓溶接の溶接位置

　　　　ⅲ）デッキ合成スラブ以外の場合，デッキプレートと鉄骨梁との接合は，焼抜き栓溶接，打込み鋲，溶接（隅肉溶接，プラグ溶接，アークスポット溶接等）等とし，特記による．

　　　　ⅳ）端部の小口ふさぎは，デッキプレートの溝部をふさがないものを使用する．

　（5）デッキプレート相互の接合

　　　デッキプレート相互の接合は，溶接（アークスポット溶接，隅肉溶接），タッピンねじ，嵌合，かしめまたは重ねによる．

e. スタッド溶接

　（1）頭付きスタッドの溶接施工は，5.12「スタッド溶接」による．

　（2）スタッド溶接部の検査は，10.4「受入検査」のg.による．

　（3）スタッド溶接部の補修は，5.13「溶接部の補修」のc.による．

f. デッキプレート貫通スタッド溶接

　（1）溶接に先立ち，溶接条件の適正値を定める．溶接条件の事前確認試験（試し打ち）は，特記による．

　（2）頭付きスタッドをデッキプレートを貫通して溶接する場合は，径16 mm以上のスタッドを使い，デッキプレートを梁に密着させて溶接する．

　（3）板厚が大きい等，十分な溶接が行えない場合は，あらかじめデッキプレートに適切な径の孔をあけ，直接溶接とする．

12.8　他工事に付随する溶接

a. 付帯する工事に関連する溶接

　付帯する工事において，金物，その他を工事現場で鉄骨部材に溶接するときは，鋼材の種類・溶接方法・溶接技能者などに関して計画し，事前に工事監理者の承認を受ける．

b. 溶接技能者

　溶接技能者は原則として，5.4「溶接技能者および溶接オペレータ」に規定する溶接技能者のうち，少なくとも基本となる級（下向溶接）の有資格者とする．

13節　耐火被覆

13.1　耐火被覆の範囲および性能
耐火被覆を施す範囲および耐火性能は，特記による．

13.2　材料および施工
a.　材　　料
（1）　耐火被覆材料は，特記による．
（2）　工事現場に搬入された耐火被覆材料は，吸水や汚染および板材の反り，ひび割れ，破損を生じないように，パレット積みやシート掛けなどをして保管する．

b.　施　　工
（1）　鋼材面に浮さび，油脂，じんあい（塵埃）などが付着している場合は，8節「塗装」に規定される素地調整2種を適用し，付着物を十分に除去する．
（2）　下地処理を施した後は，すみやかに耐火被覆を施工する．
（3）　国土交通省告示（建設省告示第1399号）に示される例示仕様で用いるコンクリートはJASS 5，モルタルはJASS 15に準じて施工する．その他の例示仕様で用いる耐火被覆材料は，各仕様に対応するJASSに準じて施工する．
（4）　国土交通大臣に認定された耐火被覆材料・工法は，認定内容に従って施工する．
（5）　施工中に雨水などが耐火被覆材料にかかる部位については，シート張りなどにより適切な養生を施す．
（6）　施工中に耐火被覆材料の粉じんが飛散するおそれがある場合は，シート張り，防じんマスクの着用，関係者以外の立入りを禁止をするなど，適切な安全対策を講じる．

13.3　検査および補正
a.　検　　査
検査の項目と方法は，特記による．特記のない場合は，以下による．
（1）　施工範囲と材料・厚さが特記仕様に適合していることを確認する．
（2）　材料搬入時または施工後に，耐火被覆材料の厚さを確認する．その頻度は，耐火性能別に各階ごと，かつ床面積1500 m^2 ごとに各部位1回につき5箇所を原則とする．
（3）　コンクリート打設工法の場合は，打設前にかぶり厚さが所定の寸法を確保できていることを確認する．
（4）　左官工法の場合は，施工中に施工面積5 m^2 あたり1箇所を単位として，ピンまたは厚さ測定器などを用いて厚さが確保できていることを確認する．

b. 再施工と補正

　施工範囲と施工された耐火被覆の材料・厚さが特記仕様に適合していない場合は，取替えによる再施工または吹き増しによる補正をする．

14節　特記仕様書項目

本節は1~13節における特記項目を示したものであり，1~13節の一般事項に優先する．
※のある項目は特記がなければ，本書の仕様によるものとする．

1節　総　　則

節　項		特　記　事　項
1.1 適用範囲および原則		
	a.	・本仕様中適用を除外する項目
1.3 一般事項		
	b.	・鉄骨製作業者の選定※
	d.	・受入検査の種類および要領※

2節　品質マネジメント

節　項		特　記　事　項
2.3 鉄骨製作業者の品質マネジメント		
	b. (2)	・品質計画書の提出

3節 材　　料

節　項	特　記　事　項
3.1　鋼　材	
a. (1)	・構造用鋼材の種類
(2)	・表 3.1 に示す以外の鋼材（JIS 規格適合品以外の場合）
(3)	・規格に規定されていない性能の規定
b. (2)	・表 3.2 に規定されていない鋼材の形状および寸法
(3)	・形状規格の存在しない鋼材の形状および寸法 ・付則 6「鉄骨精度検査基準」にない許容差
3.2　ボルト等	
(1)	・高力ボルト，ボルト，頭付きスタッド，ターンバックルおよびアンカーボルトの種類
(2)	・表 3.3 に示す以外の高力ボルト，ボルト，頭付きスタッド，ターンバックルおよびアンカーボルトの種類
(3)	・建方用アンカーボルトの形状・寸法
3.3　溶接材料	
(2)	・表 3.4 に示す以外の溶接材料（JIS 規格適合品以外の場合）
3.4　材料試験および溶接性試験	
(2)	・(1) の材料に対して材料試験または溶接性試験を行う場合の試験項目および試験方法

4節 工　　作

節　項	特　記　事　項
4.1　工作図と現寸	
b. (2)	・現寸などによる確認の時期，方法，内容
4.3　テープ合わせ	
(1)	・テープ合わせの実施，方法
4.6　切断・切削加工	
(3)	・部材自由端部の切断面の精度※
4.8　スカラップ加工	
(1)	・スカラップの要否および加工※
4.9　孔あけ加工	
(1)	・高力ボルトの孔あけ加工をレーザ孔あけとする場合
(2)	・ボルト孔，アンカーボルト孔および鉄筋貫通孔の孔あけ加工をレーザ孔あけとする場合
(7)	・鉄筋貫通孔の孔径※
4.10　摩擦面の処理	
a.	・発せいまたはブラスト以外の特種な摩擦面処理方法
4.11　ひずみの矯正	
(4)	・400 N/mm² 級鋼，490 N/mm² 級鋼以外の矯正温度
4.12　曲げ加工	
(2)	・常温加工での内側曲げ半径※

節 項	特 記 事 項
4.14 仮組 (1)	・仮組の要否，目的，範囲
4.16 ピンおよびローラ (2)	・ピンおよびローラの接触面の表面粗さ，ピンの直径とピン孔の内径

5節 溶接

節 項	特 記 事 項
5.4 溶接技能者および溶接オペレータ f.	・技量付加試験の実施
5.7 溶接施工一般 f. (3)	・エンドタブの切断の要否および切断要領*
5.12 スタッド溶接	・溶接方法および姿勢*

6節 高力ボルト接合

節 項	特 記 事 項
6.4 高力ボルトの締付け b. (4) ⅰ)	・ボルトの長さがねじの呼び径の5倍を超える場合のナット回転量
6.6 締付け後の検査 b. (1) ⅱ)	・ボルトの長さがねじの呼び径の5倍を超える場合のナット回転量

7節 ボルト接合

節 項	特 記 事 項
7.2 ボルト a. (1)	・ボルト・ナット・座金の規格および強度区分*

8節 塗装

節 項	特 記 事 項
8.1 適用範囲 (1)	・屋外露出などの過酷な環境に適用する塗装種別および範囲
(2)	・屋内で使用する鉄骨に適用する塗装種別および範囲
(3)	・工事期間中さびによる汚染を防ぐ目的で鉄骨に施す場合の塗料，事後の処理
8.2 塗料および工法 a. (2)	・鋼材面の素地調整の種別の選定*
(3)	・亜鉛めっき面の素地調整の種別の選定
b.	・塗料の選定および塗り回数
c. (4)	・一般的に塗装しない部分への塗装*
d.	・塗装以外の処置*

9節　溶融亜鉛めっき工法

節　項	特　記　事　項
9.1　溶融亜船めっきの種類と品質	
(2)	・厚さ6mm未満の形鋼・鋼板類の付着量
9.4　めっき部材の矯正，検査および補修	
b. (3)	・付着量試験
9.5　溶融亜鉛めっき高力ボルト接合	
d.	・特殊な摩擦面処理方法

10節　検　査

節　項	特　記　事　項
10.1　一般事項	
(3)	・製品検査における検査の種類※
(4)	・(3)の検査の検査項目・方法・数量・合否判定基準・実施時期
10.2　社内検査	
(2)	・寸法精度検査の検査項目※
10.3　中間検査	
(1)	・中間検査の実施
(2)	・中間検査の検査項目・方法・数量・合否判定基準・実施時期
10.4　受入検査	
b. (1)	・対物検査の実施
(2)	・付則7に示す書類検査以外の検査方法※
(3)	・対物検査の方法
c.	・取合部の検査の実施（10.1 (7) 以外）※
d.	・部材表面・切断面の外観検査の実施（10.1 (8) 以外）※
e.	・溶接部の外観の検査対象範囲，検査方法，合否判定基準※
f.	・溶接部の内部欠陥の検査対象範囲，検査方法，合否判定基準※
10.5　工事現場での検査	
(4)	・工事現場溶接部の検査対象範囲，検査方法，合否判定基準※

(Continued from previous page)

節　項	特　記　事　項
8.3　検査および補修	
a. (1)	・工場における検査の省略※
b. (2)	・塗膜厚などの詳細な検査の実施，測定方法，測定時期，測定箇所，回数，判定方法

11節 発送

節 項	特 記 事 項
―	―

12節 工事現場施工

節 項	特 記 事 項
12.3 定着	
c.	・構造用アンカーボルト，建方用アンカーボルトの区別
d.	・構造用アンカーボルトの種類・形状・寸法，建方用アンカーボルトの形状・寸法
e.	・アンカーボルトの保持および埋込方法*
g.	・ベースプレートの支持工法*
h. (1)	・モルタルの強度
j. (1)	・位置の精度*
(2)	・ボルト上部の余長*
(3)	・ベースモルタル仕上面の精度*
k. (1)	・戻り止め方法*
(2)	・アンカーボルトの締付け力，締付け方法*
12.5 建方精度	
b.	・接合部の精度*
c.	・建方の精度*
12.6 工事現場接合	
b. (2)	・溶接方法*
(3)	・技量付加試験の実施
(5)	・溶接施工法*
(6)	・補修*
c.	・ボルト接合の施工法*
12.7 デッキプレートと頭付きスタッド	
a.	・種類の選定
d. (4) ⅱ)	・焼抜き栓溶接のピッチ*
ⅲ)	・構造用として使用する場合の接合方法
f. (1)	・事前確認試験（試し打ち）

13節 耐火被覆

節 項	特 記 事 項
13.1 耐火被覆の範囲および性能	・耐火被覆を施す範囲および耐火性能
13.2 材料および施工	
a. (1)	・耐火被覆材料
13.3 検査および補正	・検査の項目と方法*

JASS 6 鉄骨工事
付　　則

付則 5. 完全溶込み溶接・部分溶込み溶接の開先標準

1. 総　則

本付則に示す開先標準は，(一社) 日本鋼構造協会の「溶接開先標準 (JSS I 03-2005)」(以下，JSS 溶接開先標準と称する) を参考にして，建築の分野で一般的に用いられているものについて記載したものである．本開先標準と JSS 溶接開先標準と異なる点は，以下のとおりである．

1) 許容差に管理許容差と限界許容差の 2 種類を設けた．
2) 完全溶込み溶接レ形 45°開先，U 形，J 形，H 形，DJ 形開先については，建築分野ではほとんど使われないため除外した．
3) 完全溶込み溶接レ形 30°開先を今回本付則に追加したが，ルート間隔の値は，実情を考慮して JSS 溶接開先標準とは異なる値を採用した．

本開先標準は，被覆アーク溶接，ガスシールドアーク溶接およびセルフシールドアーク溶接を対象とする．サブマージアーク溶接は，建築分野では溶接組立箱形断面の角溶接のような大電流を使用した特殊な溶接あるいは隅肉溶接に主に利用されており，これらは JSS 溶接開先標準においても適用範囲外となっている．

設計図書や本付則に掲載されていない開先については，付則 8「完全溶込み溶接に用いる開先の承認試験」に従って試験を行い，その結果等により工事監理者の承認を得て適用できる．

2. 記　号

本開先標準においては，次の記号を用いる．

2.1 溶接開先

溶接開先は，溶接方法，溶込みの種類，継手形式，開先形状，溶接する側および裏当ての種類を，それぞれの記号で配列方式に従って表示する．

2.1.1 第 1 項：溶接方法および溶込みの種類の記号

溶接方法および溶込みの種類の記号を，付表 1 に示す．

付表 1　溶接方法および溶込みの種類の記号

記　号	溶　接　方　法	溶込みの種類
MC	被覆アーク溶接	完全溶込み溶接
MP		部分溶込み溶接
GC	ガスシールドアーク溶接	完全溶込み溶接
GP	セルフシールドアーク溶接	部分溶込み溶接

2.1.2 第 2 項：継手形式および開先形状の記号

継手形式および開先形状の記号を，付表 2 に示す．継手形式と開先形状の記号を組み合わせて表示する．

付表2　継手形式および開先形状の記号

継手形式		開先形状	
記　号	名　称	記　号	名　称
B	突合せ継手	I	I形開先
T	T継手	V	V形開先
C	角継手	L	レ形開先
		X	X形開先
		K	K形開先

2.1.3　第3項：溶接する側および裏当ての種類の記号

　　　溶接する側および裏当ての種類の記号を付表3に示す．裏当てを用いる片側溶接は，裏当ての種類を片側の記号の後に併記して表示する．

付表3　溶接する側および裏当ての種類の記号

溶接する側		裏当ての種類	
記　号	溶接する側の指定	記　号	使用材料
1	片側溶接	B	裏当て金（鋼材）
2	両側溶接	F	その他の裏当て材

2.1.4　記号の配列方式

　　　記号は，次の配列方式に従って表示する．

　　　第1項（溶接方法と溶込みの種類），第2項（継手形状と開先形状の組合せ），第3項（溶接する側および裏当ての種類）を，

$$第1項—第2項—第3項$$

のように表示する．

　　　配列の例示　　MC － B1 － 1B

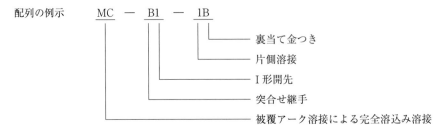

2.2　溶接姿勢の記号

　　　溶接姿勢の記号を付表4に示す．

付表4　溶接姿勢の記号

記　号	溶　接　姿　勢
F	下向
H	横向（隅肉溶接では水平という）
V	立向
O	上向

3. 開先標準における前提条件

 3.1 完全溶込み溶接

　　溶込みが継手の板厚の全域にわたっている溶接をいう．

  3.1.1 裏当て金を用いない開先では両側溶接とし，片側から溶接した後，裏はつりを行って裏側からも溶接するものとする．裏はつりを省略する場合は，両側からの溶接により完全溶込み溶接を保証できることを施工試験等により確認しておかなければならない．

  3.1.2 開先の表側から溶接を行い裏側にビードを形成させる裏波溶接は，完全溶込み溶接であるが，本開先標準の対象外とする．

 3.2 部分溶込み溶接

　　溶込みが継手の板厚の全域にわたらない溶接をいう．

  3.2.1 裏はつりを行わない両側溶接や裏当てを用いない片側溶接は，一般にはルート部に不溶着部が存在するものとして，部分溶込み溶接とみなす．

 3.3 被覆アーク溶接

  3.3.1 被覆アーク溶接棒の棒径は，ルートの溶込みを確保するため，初層については，継手の材厚，ルート間隔および溶接姿勢を考慮して，2.6 mm，3.2 mm，4.0 mm，4.5 mm および 5.0 mm のうちから選定する．初層以外の層については，5.0 mm を超える棒径の溶接棒を用いてよい．

 3.4 ガスシールドアーク溶接およびセルフシールドアーク溶接

  3.4.1 使用するワイヤは，ソリッドワイヤまたはフラックス入りワイヤとする．

  3.4.2 ガスシールドアーク溶接のシールドガスは，二酸化炭素（炭酸ガス，CO_2）または二酸化炭素とアルゴンガス（Ar）の混合ガスとする．

  3.4.3 初層ないし数層にわたりガスシールドアーク溶接を行い，ルートに十分な溶込みが得られた後は，以降の層について他のアーク溶接を用いてもよい．

  3.4.4 ガスシールドアーク溶接による自動溶接およびロボット溶接を含む．

4. 開先標準
4.1 完全溶込み溶接

- 記号+∞は制限なしを示す．
- 2段書きは付則6「鉄骨精度検査基準」に規定する許容差（上段：管理許容差，下段括弧内：限界許容差）を示す．

許容差

開先形状	図	第1項	第2項 第3項	適用板厚 T (mm)	ルート間隔 G (mm) 標準値	ルート間隔 G (mm) 許容差	ルート面 R (mm) 標準値	ルート面 R (mm) 許容差	開先角度 α_1, α_2 (°) 標準値	開先角度 α_1, α_2 (°) 許容差	開先深さ D_1, D_2 (mm) 標準値	開先深さ D_1, D_2 (mm) 許容差	溶接姿勢	備考
I形開先		MC GC	BI-1B CI-1B	3〜6	T	$-2, +\infty$ $(-3, +\infty)$	—	—	—	—	—	—	F H V O	—
V形開先		MC GC	BV-1B CV-1B	6〜	9	$-2, +\infty$ $(-3, +\infty)$	2	$-2, +1$ $(-2, +2)$	$\alpha_1 : 35$	$-5, +\infty$ $(-10, +\infty)$	—	—	F H V O	—
レ形開先		MC	BL-1B TL-1B CL-1B	6〜	9	$-2, +\infty$ $(-3, +\infty)$	2	$-2, +1$ $(-2, +2)$	$\alpha_1 : 35$	$-2.5, +\infty$ $(-5, +\infty)$	—	—	F H V O	—
レ形開先		GC		6〜	7	$-1, +\infty$ $(-2, +\infty)$	2	$-2, +1$ $(-2, +2)$	$\alpha_1 : 30$	$-1, +\infty$ $(-2, +\infty)$	—	—	F H	—

付則 5. 完全溶込み溶接・部分溶込み溶接の開先標準

開先形状	図	第1項	第2項 第3項	適用板厚 T (mm)	ルート間隔 G (mm) 標準値	ルート間隔 G (mm) 許容差	ルート面 R (mm) 標準値	ルート面 R (mm) 許容差	開先角度 α_1, α_2 (°) 標準値	開先角度 α_1, α_2 (°) 許容差	開先深さ D_1, D_2 (mm) 標準値	開先深さ D_1, D_2 (mm) 許容差	溶接姿勢	備考
I形開先		MC	BI-2 TI-2 CI-2	3〜6	1/2T	−0, +2.5 (−0, +4)	—	—	—	—	—	—	F H V O	*1
I形開先		GC			1/3T	−0, +2 (−0, +3)	—	—	—	—	—	—	F H V O	*1
V形開先		MC	BV-2 CV-2	6〜	0	−0, +2.5 (−0, +4)	2	−2, +2 (−2, +3)	$\alpha_1: 60$	−5, +∞ (−10, +∞)	—	—	F H V O	*1
V形開先		GC			0	−0, +2 (−0, +3)								
レ形開先		MC	BL-2 TL-2 CL-2	6〜	0	−2, +2.5 (−0, +4)	2	−2, +2 (−2, +3)	$\alpha_1: 45$	−2.5, +∞ (−5, +∞)	—	—	F H V O	*1 *2
レ形開先		GC			0	−0, +2 (−0, +3)								

― 78 ―　付　則

開先形状	図	第1項	第2項 第3項	適用板厚 T (mm)	ルート間隔 G (mm) 標準値	ルート間隔 G (mm) 許容差	ルート面 R (mm) 標準値	ルート面 R (mm) 許容差	開先角度 α_1, α_2 (°) 標準値	開先角度 α_1, α_2 (°) 許容差	開先深さ D_1, D_2 (mm) 標準値	開先深さ D_1, D_2 (mm) 許容差	溶接姿勢	備考
X形開先		MC	BX-2	16〜	0	−0, +2.5 (−0, +4)	2	−2, +2 (−2, +3)	$\alpha_1:60$ $\alpha_2:60$	−5, +∞ (−10, +∞)	$D_1:$ 2/3 (T−R) $D_2:$ 1/3 (T−R)	—	F H V O	＊1
		GC				−0, +2 (−0, +3)								
K形開先		MC	BK-2 TK-2 CK-2	16〜	0	−0, +2.5 (−0, +4)	2	−2, +2 (−2, +3)	$\alpha_1:45$ $\alpha_2:60$	−2.5, +∞ (−5, +∞)	$D_1:$ 2/3 (T−R) $D_2:$ 1/3 (T−R)	—	F H V O	＊1
		GC				−0, +2 (−0, +3)								

＊1：裏はつり
＊2：寸法と許容差は 45°≦θ＜90° の場合にも適用可能

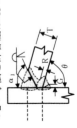

付則 5. 完全溶込み溶接・部分溶込み溶接の開先標準

4.2 部分溶込み溶接

開先形状	図	第1項	第2項 第3項	適用板厚 T (mm)	ルート間隔 G (mm) 標準値	ルート間隔 G (mm) 許容差	ルート面 R (mm) 標準値	ルート面 R (mm) 許容差	開先角度 α_1, α_2 (°) 標準値	開先角度 α_1, α_2 (°) 許容差	開先深さ D_1, D_2 (mm) 標準値	開先深さ D_1, D_2 (mm) 許容差	溶接姿勢	備考
レ形開先		MP GP	CL-2 TL-2	6〜	0	$-0, +3$	$T - D_1$	—	$\alpha_1 : 45$	$-2.5, +\infty$ $(-5, +\infty)$	$D_1 : 2\sqrt{T} \sim$	$-0, +3$	F H V O	—
K形開先		MP GP	TK-2 CK-2	25〜	0	$-0, +3$	$T - (D_1 + D_2)$	—	$\alpha_1 : 45$ $\alpha_2 : 45$	$-2.5, +\infty$ $(-5, +\infty)$	$D_1 : 2\sqrt{T} \sim$ $D_2 : 2\sqrt{T} \sim$	$-0, +3$	F H V O	—

付則6. 鉄骨精度検査基準

　この基準は，一般の構造物の主要な鉄骨の製作ならびに施工に際しての寸法精度の許容差を定めたものである．許容差は，限界許容差と管理許容差に区分して定めた．限界許容差は，これを超える誤差は原則として許されない最終的な個々の製品の合否判定のための基準値である．一方，管理許容差は，全製品中の95％以上の製品が満足するような製作または施工上の目安として定めた目標値であり，付則7「寸法精度受入検査基準」においては，検査ロットの合否判定を行う際の基準値として用いている．
　寸法精度の受入検査において，個々の製品が限界許容差を超えた場合には，不適合品として再製作することを原則とする．ただし，再製作できない場合にはそれに相当する補修を行い，再検査で適合とならなければならない．また，個々の製品が管理許容差を超えても，限界許容差内であれば補修・廃棄の対象とはならない．寸法精度検査の抜取検査において，検査ロットが不合格となった場合は，当該ロットの残りを全数検査する．ただし，検査ロットの合否にかかわらず限界許容差を超えたものについては，工事監理者と協議して，補修または再製作等の必要な処置を定める．
　なお，本基準は，以下に示すものには適用しない．
（1）　特記による場合または工事監理者の認めた場合
（2）　特別な精度を必要とする構造物あるいは構造物の部分として認められた場合
（3）　軽微な構造物または構造物の部分として認められた場合
（4）　日本工業規格で定められた鋼材の寸法許容差による場合
（5）　その他，別に定められた寸法許容差による場合（大臣認定品としてのBCR295，BCP235，BCP325およびBCP325Tは除く）

付表1 工作および組立て

名称	図	管理許容差	限界許容差	測定器具	測定方法
(1) T継手のすき間（隅肉溶接）e		$e \leq 2\,\text{mm}$	$e \leq 3\,\text{mm}$	テーパーゲージ 金属製直尺	
(2) 重ね継手のすき間 e		$e \leq 2\,\text{mm}$	$e \leq 3\,\text{mm}$	テーパーゲージ 金属製直尺	
(3) 突合せ継手の食違い e	$t = \min(t_1, t_2)$	$t \leq 15\,\text{mm}$ $e \leq 1\,\text{mm}$ $t > 15\,\text{mm}$ $e \leq \dfrac{t}{15}$ かつ $e \leq 2\,\text{mm}$	$t \leq 15\,\text{mm}$ $e \leq 1.5\,\text{mm}$ $t > 15\,\text{mm}$ $e \leq \dfrac{t}{10}$ かつ $e \leq 3\,\text{mm}$	金属製角度直尺 金属製直尺 テーパーゲージ 溶接ゲージ	
(4) ルート間隔（裏はつり）a		被覆アーク溶接 $0 \leq a \leq 2.5\,\text{mm}$ サブマージアーク溶接 $0 \leq a \leq 1\,\text{mm}$ ガスシールドアーク溶接， セルフシールドアーク溶接 $0 \leq a \leq 2\,\text{mm}$	被覆アーク溶接 $0 \leq a \leq 4\,\text{mm}$ サブマージアーク溶接 $0 \leq a \leq 2\,\text{mm}$ ガスシールドアーク溶接， セルフシールドアーク溶接 $0 \leq a \leq 3\,\text{mm}$	テーパーゲージ	テーパーゲージ
(5) ルート間隔（裏当て金あり）Δa		被覆アーク溶接 $\Delta a \geq -2\,\text{mm}\,(\theta \geq 35°)$ ガスシールドアーク溶接， セルフシールドアーク溶接 $\Delta a \geq -2\,\text{mm}\,(\theta \geq 35°)$ $\Delta a \geq -1\,\text{mm}\,(\theta < 35°)$ サブマージアーク溶接 $-2\,\text{mm} \leq \Delta a \leq +2\,\text{mm}$	被覆アーク溶接 $\Delta a \geq -3\,\text{mm}\,(\theta \geq 35°)$ ガスシールドアーク溶接， セルフシールドアーク溶接 $\Delta a \geq -3\,\text{mm}\,(\theta \geq 35°)$ $\Delta a \geq -2\,\text{mm}\,(\theta < 35°)$ サブマージアーク溶接 $-3\,\text{mm} \leq \Delta a \leq +3\,\text{mm}$	限界ゲージ テーパーゲージ	限界ゲージ

名称	図	管理許容差	限界許容差	測定器具	測定方法
(6) ルート面 Δa		被覆アーク溶接, ガスシールドアーク溶接, セルフシールドアーク溶接, 裏当て金なし　$\Delta a \leq 2$ mm 裏当て金あり　$\Delta a \leq 1$ mm サブマージアーク溶接 $\Delta a \leq 2$ mm	被覆アーク溶接, ガスシールドアーク溶接, セルフシールドアーク溶接, 裏当て金なし　$\Delta a \leq 3$ mm 裏当て金あり　$\Delta a \leq 2$ mm サブマージアーク溶接 $\Delta a \leq 3$ mm	コンベックス スケール 金属製直尺	
(7) ベベル角度 $\Delta \theta$		$\Delta \theta_1 \geq -2.5°\,(\theta \geq 35°)$ $\Delta \theta_1 \geq -1°\,(\theta < 35°)$	$\Delta \theta_1 \geq -5°\,(\theta \geq 35°)$ $\Delta \theta_1 \geq -2°\,(\theta < 35°)$	溶接ゲージ	
(8) 開先角度 $\Delta \theta$		$\Delta \theta_1 \geq -5°$ $\Delta \theta_2 \geq -2.5°\,(\theta \geq 35°)$ $\Delta \theta_2 \geq -1°\,(\theta < 35°)$	$\Delta \theta_1 \geq -10°$ $\Delta \theta_2 \geq -5°\,(\theta \geq 35°)$ $\Delta \theta_2 \geq -2°\,(\theta < 35°)$	限界ゲージ	
(9) 切断面の粗さ		開先内　$100\ \mu mRz$ 以下 自由縁端　$100\ \mu mRz$ 以下	開先内　$100\ \mu mRz$ 以下 自由縁端　$100\ \mu mRz$ 以下	対比試験片	目視による対比試験片との比較.
(10) 切断面のノッチ深さ d		開先内　$d \leq 0.5$ mm 自由縁端　$d \leq 0.5$ mm	開先内　$d \leq 1$ mm 自由縁端　$d \leq 1$ mm	溶接ゲージ	目視による.

付則6．鉄骨精度検査基準

名称	図	管理許容差	限界許容差	測定器具	測定方法
(11) 切断縁の直角度 e		$t \leq 40$ mm 　$e \leq 1$ mm $t > 40$ mm 　$e \leq \dfrac{t}{40}$ かつ $e \leq 1.5$ mm	$t \leq 40$ mm 　$e \leq 1.5$ mm $t > 40$ mm 　$e \leq \dfrac{1.5\,t}{40}$ かつ $e \leq 2$ mm	金属製 角度直尺 テーパーゲージ 溶接ゲージ 直角定規	金属製角度直尺
(12) 仕口のずれ e		$t \geq t_3$ 　$e \leq \dfrac{2t}{15}$ かつ $e \leq 3$ mm $t < t_3$ 　$e \leq \dfrac{t}{6}$ かつ $e \leq 4$ mm	$t \geq t_3$ 　$e \leq \dfrac{t}{5}$ かつ $e \leq 4$ mm $t < t_3$ 　$e \leq \dfrac{t}{4}$ かつ $e \leq 5$ mm	コンベックススケール テーパーゲージ 測定治具 金属製直尺	箱形断面柱などの閉鎖断面については、ダイアフラム位置が表面から確認できるよう、前もってけがく必要がある。
(13) 溶接組立部材端部の不ぞろい e		$e \leq 2$ mm	$e \leq 3$ mm	金属製 角度直尺 直角定規 コンベックススケール 金属製直尺	金属製直尺

付表2 高力ボルト

名称	図	管理許容差	限界許容差	測定器具	測定方法
(1) 孔の心ずれ e		$e \leq 1$ mm	$e \leq 1.5$ mm	コンベックス スルール 金属製直尺 型板	
(2) 孔相互の間隔 ΔP		-1 mm $\leq \Delta P \leq +1$ mm	-1.5 mm $\leq \Delta P \leq +1.5$ mm	コンベックス スルール 金属製直尺	
(3) 孔の食違い e		$e \leq 1$ mm	$e \leq 1.5$ mm	コンベックス スルール 直角定規 貫通ゲージ 金属製直尺	
(4) 接合部の肌すき e		$e \leq 1$ mm	$e \leq 1$ mm	テーパー ゲージ	
(5) 孔のはしあき・へりあき Δa		$\Delta a_1 \geq -2$ mm $\Delta a_2 \geq -2$ mm かつ「鋼構造設計規準」「高力ボルト接合設計施工ガイドブック」の最小縁端距離を満足すること.	$\Delta a_1 \geq -3$ mm $\Delta a_2 \geq -3$ mm かつ「鋼構造設計規準」「高力ボルト接合設計施工ガイドブック」の最小縁端距離を満足すること.	コンベックス スルール 金属製直尺	

付則6．鉄骨精度検査基準

付表3 溶接

名称	図	管理許容差	限界許容差	測定器具	測定方法
(1) 隅肉溶接のサイズ ΔS		$0 \leqq \Delta S \leqq 0.5\,S$ かつ $\Delta S \leqq 5\,\mathrm{mm}$	$0 \leqq \Delta S \leqq 0.8\,S$ かつ $\Delta S \leqq 8\,\mathrm{mm}$	溶接ゲージ 限界ゲージ	
(2) 隅肉溶接の余盛高さ Δa		$0 \leqq \Delta a \leqq 0.4\,S$ かつ $\Delta a \leqq 4\,\mathrm{mm}$	$0 \leqq \Delta a \leqq 0.6\,S$ かつ $\Delta a \leqq 6\,\mathrm{mm}$	溶接ゲージ	
(3) 完全溶込み溶接突合せ継手の余盛高さ Δh		$B < 15\,\mathrm{mm}\,(h=0\,\mathrm{mm})$ $0 \leqq \Delta h \leqq 3\,\mathrm{mm}$ $15\,\mathrm{mm} \leqq B < 25\,\mathrm{mm}$ $(h=0\,\mathrm{mm})$ $0 \leqq \Delta h \leqq 4\,\mathrm{mm}$ $25\,\mathrm{mm} \leqq B\,(h=0\,\mathrm{mm})$ $0 \leqq \Delta h \leqq \dfrac{4B}{25}\,\mathrm{mm}$	$B < 15\,\mathrm{mm}\,(h=0\,\mathrm{mm})$ $0 \leqq \Delta h \leqq 5\,\mathrm{mm}$ $15\,\mathrm{mm} \leqq B < 25\,\mathrm{mm}$ $(h=0\,\mathrm{mm})$ $0 \leqq \Delta h \leqq 6\,\mathrm{mm}$ $25\,\mathrm{mm} \leqq B\,(h=0\,\mathrm{mm})$ $0 \leqq \Delta h \leqq \dfrac{6B}{25}\,\mathrm{mm}$	溶接ゲージ 限界ゲージ	
(4) 完全溶込み溶接角継手の余盛高さ Δh		$B < 15\,\mathrm{mm}\,(h=0\,\mathrm{mm})$ $0 \leqq \Delta h \leqq 3\,\mathrm{mm}$ $15\,\mathrm{mm} \leqq B < 25\,\mathrm{mm}$ $(h=0\,\mathrm{mm})$ $0 \leqq \Delta h \leqq 4\,\mathrm{mm}$ $25\,\mathrm{mm} \leqq B\,(h=0\,\mathrm{mm})$ $0 \leqq \Delta h \leqq \dfrac{4B}{25}\,\mathrm{mm}$	$B < 15\,\mathrm{mm}\,(h=0\,\mathrm{mm})$ $0 \leqq \Delta h \leqq 5\,\mathrm{mm}$ $15\,\mathrm{mm} \leqq B < 25\,\mathrm{mm}$ $(h=0\,\mathrm{mm})$ $0 \leqq \Delta h \leqq 6\,\mathrm{mm}$ $25\,\mathrm{mm} \leqq B\,(h=0\,\mathrm{mm})$ $0 \leqq \Delta h \leqq \dfrac{6B}{25}\,\mathrm{mm}$	溶接ゲージ 限界ゲージ	

名称	図	管理許容差	限界許容差	測定器具	測定方法
(5) 完全溶込み溶接T継手(裏当て金あり)の余盛高さ Δh		$t \leqq 40$ mm $\left(h = \dfrac{t}{4}\text{ mm}\right)$ $0 \leqq \Delta h \leqq 7$ mm $t > 40$ mm ($h = 10$ mm) $0 \leqq \Delta h \leqq \dfrac{t}{4} - 3$ mm	$t \leqq 40$ mm $\left(h = \dfrac{t}{4}\text{ mm}\right)$ $0 \leqq \Delta h \leqq 10$ mm $t > 40$ mm ($h = 10$ mm) $0 \leqq \Delta h \leqq \dfrac{t}{4}$ mm	溶接ゲージ 限界ゲージ	
(6) 完全溶込み溶接T継手(裏はつり)の余盛高さ Δh		$t \leqq 40$ mm $\left(h = \dfrac{t}{8}\text{ mm}\right)$ $0 \leqq \Delta h \leqq 7$ mm $t > 40$ mm ($h = 10$ mm) $0 \leqq \Delta h \leqq \dfrac{t}{4} - 3$ mm	$t \leqq 40$ mm $\left(h = \dfrac{t}{8}\text{ mm}\right)$ $0 \leqq \Delta h \leqq 10$ mm $t > 40$ mm ($h = 10$ mm) $0 \leqq \Delta h \leqq \dfrac{t}{4}$ mm	溶接ゲージ 限界ゲージ	
(7) 部分溶込み溶接突合せ継手(K形開先)の余盛高さ Δh		$B_1, B_2 < 15$ mm ($h_1 = h_2 = 0$ mm) $0 \leqq \Delta h_1 \leqq 3$ mm $0 \leqq \Delta h_2 \leqq 3$ mm 15 mm $\leqq B_1, B_2 < 25$ mm ($h_1 = h_2 = 0$ mm) $0 \leqq \Delta h_1 \leqq 4$ mm $0 \leqq \Delta h_2 \leqq 4$ mm 25 mm $\leqq B_1, B_2$ ($h_1 = h_2 = 0$ mm) $0 \leqq \Delta h_1 \leqq \dfrac{4B_1}{25}$ mm $0 \leqq \Delta h_2 \leqq \dfrac{4B_2}{25}$ mm	$B_1, B_2 < 15$ mm ($h_1 = h_2 = 0$ mm) $0 \leqq \Delta h_1 \leqq 5$ mm $0 \leqq \Delta h_2 \leqq 5$ mm 15 mm $\leqq B_1, B_2 < 25$ mm ($h_1 = h_2 = 0$ mm) $0 \leqq \Delta h_1 \leqq 6$ mm $0 \leqq \Delta h_2 \leqq 6$ mm 25 mm $\leqq B_1, B_2$ ($h_1 = h_2 = 0$ mm) $0 \leqq \Delta h_1 \leqq \dfrac{6B_1}{25}$ mm $0 \leqq \Delta h_2 \leqq \dfrac{6B_2}{25}$ mm	溶接ゲージ 限界ゲージ	

付則6．鉄骨精度検査基準

名称	図	管理許容差	限界許容差	測定器具	測定方法
(8) 部分溶込み溶接T継手（レ形開先）の余盛高さ Δh		$D \leq 40$ mm $\left(h = \max\left(\dfrac{D}{4}, 5\right) \text{ mm}\right)$ $0 \leq \Delta h \leq 7$ mm $D > 40$ mm $(h = 10$ mm$)$ $0 \leq \Delta h \leq \dfrac{D}{4} - 3$ mm	$D \leq 40$ mm $\left(h = \max\left(\dfrac{D}{4}, 5\right) \text{ mm}\right)$ $0 \leq \Delta h \leq 10$ mm $D > 40$ mm $(h = 10$ mm$)$ $0 \leq \Delta h \leq \dfrac{D}{4}$	溶接ゲージ 限界ゲージ	
(9) 部分溶込み溶接T継手（K形開先）の余盛高さ Δh		$D_1, D_2 \leq 40$ mm $\left(h_1 = \max\left(\dfrac{D_1}{4}, 5\right) \text{ mm},\right.$ $\left.h_2 = \max\left(\dfrac{D_2}{4}, 5\right) \text{ mm}\right)$ $0 \leq \Delta h_1 \leq 7$ mm $0 \leq \Delta h_2 \leq 7$ mm $D_1, D_2 > 40$ mm $(h_1, h_2 = 10$ mm$)$ $0 \leq \Delta h_1 \leq \dfrac{D_1}{4} - 3$ mm $0 \leq \Delta h_2 \leq \dfrac{D_2}{4} - 3$ mm	$D_1, D_2 \leq 40$ mm $\left(h_1 = \max\left(\dfrac{D_1}{4}, 5\right) \text{ mm},\right.$ $\left.h_2 = \max\left(\dfrac{D_2}{4}, 5\right) \text{ mm}\right)$ $0 \leq \Delta h_1 \leq 10$ mm $0 \leq \Delta h_2 \leq 10$ mm $D_1, D_2 > 40$ mm $(h_1, h_2 = 10$ mm$)$ $0 \leq \Delta h_1 \leq \dfrac{D_1}{4}$ $0 \leq \Delta h_2 \leq \dfrac{D_2}{4}$	溶接ゲージ 限界ゲージ	
(10) アンダーカット e		完全溶込み溶接 $e \leq 0.3$ mm 前面隅肉溶接 $e \leq 0.3$ mm 側面隅肉溶接 $e \leq 0.5$ mm ただし、上記の数値を超え0.7 mm以下の場合、溶接長さ300 mmあたり総長さが30 mm以下かつ1箇所の長さが3 mm以下。	完全溶込み溶接 $e \leq 0.5$ mm 前面隅肉溶接 $e \leq 0.5$ mm 側面隅肉溶接 $e \leq 0.8$ mm ただし、上記の数値を超え1 mm以下の場合、溶接長さ300 mmあたり総長さが30 mm以下かつ1箇所の長さが5 mm以下。	アンダーカットゲージ 対比試験片	対比試験片との比較

名 称	図	管理許容差	限界許容差	測定器具	測 定 方 法
(11) 突合せ継手の食違い e	$t=\min(t_1, t_2)$	$t \leq 15\,\text{mm}$ $e \leq 1\,\text{mm}$ $t > 15\,\text{mm}$ $e \leq \dfrac{t}{15}$ かつ $e \leq 2\,\text{mm}$	$t \leq 15\,\text{mm}$ $e \leq 1.5\,\text{mm}$ $t > 15\,\text{mm}$ $e \leq \dfrac{t}{10}$ かつ $e \leq 3\,\text{mm}$	金属製角度直尺 金属製直尺 テーパーゲージ 溶接ゲージ 測定治具	
(12) 仕口のずれ e	$t=\min(t_1, t_2)$	$t \geq t_3$ $e \leq \dfrac{2t}{15}$ かつ $e \leq 3\,\text{mm}$ $t < t_3$ $e \leq \dfrac{t}{6}$ かつ $e \leq 4\,\text{mm}$	$t \geq t_3$ $e \leq \dfrac{t}{5}$ かつ $e \leq 4\,\text{mm}$ $t < t_3$ $e \leq \dfrac{t}{4}$ かつ $e \leq 5\,\text{mm}$	コンベックススルー テーパーゲージ 測定治具 金属製直尺	

付則6. 鉄骨精度検査基準

名称	図	管理許容差	限界許容差	測定器具	測定方法
(13) ビード表面の不整 e		ビード表面の凹凸の高低差 e_1（ビード長さ方向），e_2（ビード幅方向）はビード長さ25 mmの範囲で2.5 mm以下。ビード幅の不整 e_3 は溶接長さ150 mmの範囲で5 mm以下。	ビード表面の凹凸の高低差 e_1（ビード長さ方向），e_2（ビード幅方向）はビード長さ25 mmの範囲で4 mm以下。ビード幅の不整 e_3 は溶接長さ150 mmの範囲で7 mm以下。	溶接ゲージ 金属製直尺 コンベックス スケール テーパーゲージ	

名称	図	管理許容差	限界許容差	測定器具	測定方法
(14) ピット		溶接長さ300 mmあたり1個以下．ただし，ピットの大きさが1 mm以下のものは3個を1個として計算する．	溶接長さ300 mmあたり2個以下．ただし，ピットの大きさが1 mm以下のものは3個を1個として計算する．	ルーペ	目視による．
(15) 割れ		—	あってはならない．	—	目視による．
(16) オーバーラップ		—	著しいものは認めない．	—	目視による．
(17) スタッド溶接後の仕上がり高さと傾き $\Delta L, \theta$		$-1.5\,\text{mm} \leq \Delta L \leq +1.5\,\text{mm}$	$-2\,\text{mm} \leq \Delta L \leq +2\,\text{mm}$	金属製直尺 度型板 コンベックス スケール	スタッドが傾いている場合は，軸の中心でその軸長を測定する．
		$\theta \leq 3°$	$\theta \leq 5°$		

付則6．鉄骨精度検査基準 — 91 —

付表4 製 品

名称	図	管理許容差	限界許容差	測定器具	測定方法
(1) 柱の長さ ΔH	高力ボルト接合 $H+\Delta H$ / 溶接接合 $H+\Delta H$	$H < 10\,\text{m}$ $-3\,\text{mm} \leqq \Delta H \leqq +3\,\text{mm}$ $H \geqq 10\,\text{m}$ $-4\,\text{mm} \leqq \Delta H \leqq +4\,\text{mm}$	$H < 10\,\text{m}$ $-5\,\text{mm} \leqq \Delta H \leqq +5\,\text{mm}$ $H \geqq 10\,\text{m}$ $-6\,\text{mm} \leqq \Delta H \leqq +6\,\text{mm}$	JIS 1 級 鋼製巻尺 金属製 角度直尺 直角定規 孔心間測定 用治具 金属製直尺	1) 測定位置は任意の1面とする。 2) 長さが10 m以上のものの測定は巻尺に対して所定の張力をかけて行う。10 m未満のものは巻尺が緊張する程度の力とし手引きでよい。 3) 高力ボルト接合の場合は、柱頭柱脚の第1ボルト孔心間とする。 4) 溶接接合でクリアランスを設けた場合、柱頭柱脚の両端面間とする。 5) ベースプレート付き柱では、柱脚側はベースプレート下面とする。
(2) 階高 Δh	柱頭 / 柱脚 $h_4+\Delta h$ $h_3+\Delta h$ $h_2+\Delta h$ $h_1+\Delta h$ 高力ボルト接合 溶接接合 通しダイアフラム形式 内ダイアフラム形式	$-3\,\text{mm} \leqq \Delta h \leqq +3\,\text{mm}$	$-5\,\text{mm} \leqq \Delta h \leqq +5\,\text{mm}$	JIS 1 級 鋼製巻尺 金属製 角度直尺 直角定規 孔心間測定 用治具	1) 測定位置は仕口から仕口までの階高についての面で行う。 2) 柱頭から最初の仕口までの階高は、仕口元端の上フランジ上面からベースプレートの下面まで、高力ボルト接合の場合は、柱脚部第1ボルト孔心まで、溶接接合の場合は柱脚部端面までとする。 3) 一般の階高は、仕口上フランジ上面間とする。 4) 最上部の仕口から柱頭までの階高は、仕口元端の上フランジ上面から、ボルト接合の場合は柱頭第1ボルト孔心まで、溶接接合の場合は材端までとする。 5) 梁端工事現場溶接施工法などで仕口を取り付けない柱の場合は、梁フランジを測定する。内ダイアフラム形式の場合の測定位置は、あらかじめ柱外面にけがいたダイアフラムの位置までけがいた位置から一定の距離にけがいた逃げ墨を基準として測定する。

名称	図	管理許容差	限界許容差	測定器具	測定方法
(3) 梁の長さ ΔL	$L+\Delta L$	$-3\,\text{mm} \leqq \Delta L \leqq +3\,\text{mm}$	$-5\,\text{mm} \leqq \Delta L \leqq +5\,\text{mm}$	JIS 1 級鋼製巻尺 金属製直角定規 直尺 孔心間測定用治具	1) 長さが 10 m 以上のものの測定は巻尺に対して所定の張力をかけて行う。10 m 未満の場合には巻尺が緊張する程度の力で行えば手引きでもよい。 2) 測定位置は原則としてフランジまたはウェブ部材両端第 1 ボルト孔心間とする。
(4) せい ΔD	H形断面 T字形断面 溶接組立箱形断面 円形断面 冷間成形角形鋼管	$D < 800\,\text{mm}$ $-2\,\text{mm} \leqq \Delta D \leqq +2\,\text{mm}$ $D \geqq 800\,\text{mm}$ $-3\,\text{mm} \leqq \Delta D \leqq +3\,\text{mm}$ $-3\,\text{mm} \leqq \Delta D \leqq +3\,\text{mm}$ かつ $-\dfrac{D}{100} \leqq \Delta D \leqq +\dfrac{D}{100}\,\text{mm}$	$D < 800\,\text{mm}$ $-3\,\text{mm} \leqq \Delta D \leqq +3\,\text{mm}$ $D \geqq 800\,\text{mm}$ $-4\,\text{mm} \leqq \Delta D \leqq +4\,\text{mm}$ $-4\,\text{mm} \leqq \Delta D \leqq +4\,\text{mm}$	JIS 1 級鋼製巻尺 コンベックススケール 金属製直尺 コンベックススケール 金属製直尺 ノギス	1) H形断面では，部材両端のウェブ位置でフランジ背面間を測定する。 2) T字形断面では，フランジ背面およびウェブ外面とフランジ背面間の 2 方向を測定する。 3) 溶接組立箱形断面では，相対する面のそれぞれの△印位置間を測定する。 4) 円形断面では，直交軸のそれぞれの△印位置間を測定する。 冷間成形角形鋼管の相対する面のそれぞれの R 止まりの位置（△印）間を測定する。

付則6．鉄骨精度検査基準 － 93 －

名称	図	管理許容差	限界許容差	測定器具	測定方法
(5) 仕口部のせい ΔD	内ダイアフラム形式 $D+\Delta D$ / 通しダイアフラム形式 $D+\Delta D$ / 内ダイアフラム形式 $D+\Delta D$ / 通しダイアフラム形式 $D+\Delta D$	$D < 800\,\text{mm}$ $-2\,\text{mm} \leq \Delta D \leq +2\,\text{mm}$ $D \geq 800\,\text{mm}$ $-3\,\text{mm} \leq \Delta D \leq +3\,\text{mm}$	$D < 800\,\text{mm}$ $-3\,\text{mm} \leq \Delta D \leq +3\,\text{mm}$ $D \geq 800\,\text{mm}$ $-4\,\text{mm} \leq \Delta D \leq +4\,\text{mm}$	コンベックス スケール 金属製直尺 孔心間測定用治具	1) 梁仕口が柱に取り付く場合は、梁仕口先端の上下フランジ間を測定する。 2) 梁仕口が取り付かない場合は、梁フランジが取り付く上ダイアフラムの上面から下ダイアフラムの下面までを測定する。
(6) 仕口部の長さ ΔL	通しダイアフラム形式 $L+\Delta L$ $\frac{D}{2}$ $\frac{D}{2}$ D / 内ダイアフラム形式 $L+\Delta L$ $\frac{D}{2}$ $\frac{D}{2}$ D / 通しダイアフラム形式 $L+\Delta L$ $\frac{D}{2}$ $\frac{D}{2}$ D / 内ダイアフラム形式 $L+\Delta L$ $\frac{D}{2}$ $\frac{D}{2}$ D	$-3\,\text{mm} \leq \Delta L \leq +3\,\text{mm}$	$-5\,\text{mm} \leq \Delta L \leq +5\,\text{mm}$	コンベックス スケール 金属製直尺 測定治具 孔心間測定用治具 金属製角度直尺	1) 柱面から、梁仕口のフランジの第1ボルト孔心までを測定し、柱せいの設計値の半分の値を足す。 2) 柱面から梁仕口のウェブ第1ボルト心までを測定し、柱せいの設計値の半分の値を足す。 3) T字形断面では、柱面から梁仕口のフランジ第1ボルト孔心までを測定し、柱面からウェブ心までの設計値を足す。

名称	図	管理許容差	限界許容差	測定器具	測定方法
(7) 仕口部の角度 e	立面／平面図	$e_1 \leq \dfrac{L}{300}$ かつ $e_1 \leq 3\,\text{mm}$ $e_2 \leq \dfrac{L}{300}$ かつ $e_2 \leq 3\,\text{mm}$	$e_1 \leq \dfrac{L}{200}$ かつ $e_1 \leq 5\,\text{mm}$ $e_2 \leq \dfrac{L}{200}$ かつ $e_2 \leq 5\,\text{mm}$	直角定規 金属製直尺 水糸 金属製角度直尺 コンベックス スケール	仕口元端の溶接ビードを寸法 b だけ避けた位置で、柱フランジ面に直角定規を当てて固定し、図の a を金属製直尺・コンベックスケールなどで測定する。 $e_1 = |a - b|$
(8) 梁に取り付くブラケットの位置、長さおよびせい ΔL Δb Δd	図	$-3\,\text{mm} \leq \Delta L \leq +3\,\text{mm}$ $-3\,\text{mm} \leq \Delta b \leq +3\,\text{mm}$ $d < 800\,\text{mm}$ $-2\,\text{mm} \leq \Delta d \leq +2\,\text{mm}$ $d \geq 800\,\text{mm}$ $-3\,\text{mm} \leq \Delta d \leq +3\,\text{mm}$	$-5\,\text{mm} \leq \Delta L \leq +5\,\text{mm}$ $-5\,\text{mm} \leq \Delta b \leq +5\,\text{mm}$ $d < 800\,\text{mm}$ $-3\,\text{mm} \leq \Delta d \leq +3\,\text{mm}$ $d \geq 800\,\text{mm}$ $-4\,\text{mm} \leq \Delta d \leq +4\,\text{mm}$	JIS 1級鋼製巻尺 コンベックススケール 金属製直尺 治具 孔心間測定用治具	1) ブラケットの位置は、梁端部の第1ボルト孔心からブラケット取付け位置まで測定する。 2) ブラケットの長さは、梁心からブラケットの第1ボルト孔心までを測定する。 3) ブラケットのせいを測定する。
(9) ブレースガセットの長さおよびせい ΔV Δd	H形断面の場合／十字形断面の場合	$-3\,\text{mm} \leq \Delta V_1 \leq +3\,\text{mm}$ かつ $-3\,\text{mm} \leq \Delta V_2 \leq +3\,\text{mm}$ かつ $|\Delta V_1| + |\Delta V_2| \leq 4\,\text{mm}$ $d < 800\,\text{mm}$ $-2\,\text{mm} \leq \Delta d \leq +2\,\text{mm}$ $d \geq 800\,\text{mm}$ $-3\,\text{mm} \leq \Delta d \leq +3\,\text{mm}$	$-5\,\text{mm} \leq \Delta V_1 \leq +5\,\text{mm}$ かつ $-5\,\text{mm} \leq \Delta V_2 \leq +5\,\text{mm}$ かつ $|\Delta V_1| + |\Delta V_2| \leq 6\,\text{mm}$ $d < 800\,\text{mm}$ $-3\,\text{mm} \leq \Delta d \leq +3\,\text{mm}$ $d \geq 800\,\text{mm}$ $-4\,\text{mm} \leq \Delta d \leq +4\,\text{mm}$	コンベックススケール 金属製直尺 金属製角度直尺 孔心間測定用治具	フランジ表面に金属製角度直尺当てを避けて固定し、柱面までは梁フランジ面から孔心またはガセット端部の基準位置までを測定する。

付則6. 鉄骨精度検査基準

名称	図	管理許容差	限界許容差	測定器具	測定方法
(10) 溶接組立箱形断面の直角度 e		接合部 $e \leq \dfrac{D}{100}$ かつ $e \leq 2\,\text{mm}$ 一般部 $e \leq \dfrac{2D}{100}$ かつ $e \leq 4\,\text{mm}$	接合部 $e \leq \dfrac{3D}{200}$ かつ $e \leq 3\,\text{mm}$ 一般部 $e \leq \dfrac{3D}{100}$ かつ $e \leq 6\,\text{mm}$	直角定規 テーパーゲージ 金属製角度直尺	隣接面のうち1面を基準として金属製角度直尺を当て、被測定面の端部とのすき間をテーパーゲージで測定する。
(11) 幅 ΔB		$-2\,\text{mm} \leq \Delta B \leq +2\,\text{mm}$	$-3\,\text{mm} \leq \Delta B \leq +3\,\text{mm}$	コンベックススケール 金属製直尺 金属製角度直尺	両端部および断面変化部を測定する。
(12) H形断面の直角度 e		接合部 $e \leq \dfrac{b}{100}$ かつ $e \leq 1\,\text{mm}$ 一般部 $e \leq \dfrac{2b}{100}$ かつ $e \leq 2\,\text{mm}$	接合部 $e \leq \dfrac{3b}{200}$ かつ $e \leq 1.5\,\text{mm}$ 一般部 $e \leq \dfrac{3b}{100}$ かつ $e \leq 3\,\text{mm}$	直角定規 テーパーゲージ 金属製角度直尺 測定治具	ウェブを基準にして治具を当て、フランジとのすき間をテーパーゲージで測定する。
(13) ウェブの心ずれ e		$e \leq 2\,\text{mm}$	$e \leq 3\,\text{mm}$	コンベックススケール ノギス 金属製直尺	ウェブ厚中心線・フランジ幅中心線をけがき、フランジ面にスケールあるいはコンベックスケールで測定する。
(14) ウェブの曲がり e		$e_1 \leq \dfrac{D}{150}$ かつ $e_1 \leq 4\,\text{mm}$ $e_2 \leq \dfrac{l}{150}$ かつ $e_2 \leq 4\,\text{mm}$ ただし、$t \leq 6\,\text{mm}$ には適用しない。	$e_1 \leq \dfrac{D}{100}$ かつ $e_1 \leq 6\,\text{mm}$ $e_2 \leq \dfrac{l}{100}$ かつ $e_2 \leq 6\,\text{mm}$ ただし、$t \leq 6\,\text{mm}$ には適用しない。	テーパーゲージ 金属製直尺	ウェブ面に金属製直尺を当て、ウェブとの間のすき間をテーパーゲージで測定する。

名称	図	管理許容差	限界許容差	測定器具	測定方法
(15) 柱の曲がり e		$e \leq \dfrac{H}{1\,500}$ かつ $e \leq 5$ mm	$e \leq \dfrac{H}{1\,000}$ かつ $e \leq 8$ mm	水糸 レベル コンベックス スケール 金属製直尺	1) 測定は X、Y 軸の 2 面について行う。 2) 柱頭・柱脚の同一面から、ある寸法を隔てて水糸を張り、柱中央部を金属製直尺などで測定する。 3) 柱頭と柱脚を基準点とし、柱中央部をレベルで測定する。
(16) 梁の曲がり e		$e \leq \dfrac{L}{1\,000}$ かつ $e \leq 10$ mm	$e \leq \dfrac{1.5L}{1\,000}$ かつ $e \leq 15$ mm	水糸 レベル コンベックス スケール 金属製直尺	1) 目視でも判別できるが、測定する場合は梁せい・梁幅の 2 方向について行う。 2) 梁せい方向の曲がりは、部材を横に寝かせてフランジ端面からある寸法を隔てて水糸を張り、部材中央部を金属製直尺などで測定する。梁幅方向は部材を立てて同じ方法で測定する。
(17) 柱のねじれ δ		$\delta \leq \dfrac{6D}{1\,000}$ かつ $\delta \leq 5$ mm	$\delta \leq \dfrac{9D}{1\,000}$ かつ $\delta \leq 8$ mm	下げ振り コンベックス スケール 金属製直尺	検査台上に柱を置き、柱両端に下げ振りを取り付け、コンベックススケールでねじれ量を測定する。両端のねじれ量の和が求めるねじれ量となる。

付則6. 鉄骨精度検査基準

名称	図	管理許容差	限界許容差	測定器具	測定方法
(18) 鋼板壁の高さと長さ ΔH ΔL		$-3\,\text{mm} \leq \Delta H \leq +3\,\text{mm}$ $-3\,\text{mm} \leq \Delta L \leq +3\,\text{mm}$	$-5\,\text{mm} \leq \Delta H \leq +5\,\text{mm}$ $-5\,\text{mm} \leq \Delta L \leq +5\,\text{mm}$	JIS 1級鋼製巻尺 コンベックススルール 金属製直尺 孔心間測定用治具	1) 平面で水平になるように置く。 2) 両側高さと上下の長さを測定する。 3) 孔心間測定用治具や金属製直尺を隅のボルト孔に当て、孔心間を測定する。
(19) メタルタッチ e		$e \leq \dfrac{1.5D}{1000}\,\text{mm}$	$e \leq \dfrac{2.5D}{1000}\,\text{mm}$	直角定規 テーパーゲージ 金属製直角度直尺	直角定規を部材面に当て、メタルタッチ面と直角定規との間に生じたすき間をテーパーゲージで測定する。
(20) ベースプレートの折れおよび凹凸 e		$e \leq 2\,\text{mm}$	$e \leq 3\,\text{mm}$	金属製直尺 テーパーゲージ	ベースプレート下面に金属製直尺を当て、ベースプレートと金属製直尺とのすき間をテーパーゲージや金属製直尺で測定する。

付表5　工事現場

名称	図	管理許容差	限界許容差	測定器具	測定方法
(1) 建物の倒れ e	(図：高さH、傾きe)	$e \leq \dfrac{H}{4\,000}+7\,\text{mm}$ かつ $e \leq 30\,\text{mm}$	$e \leq \dfrac{H}{2\,500}+10\,\text{mm}$ かつ $e \leq 50\,\text{mm}$	下げ振り セオドライト ターゲット レーザ鉛直器 光学鉛直器 JIS 1級 鋼製巻尺 金属製直尺 三次元測距儀	柱の各節の倒れより算出する。地上 1〜n 節の建物で、k 節の倒れを e_k とした場合、その建物の倒れ e は、 $e = \sum_{k=1}^{n} e_k$ なお、e_k の正負は建物内側から外側に倒れている場合は「＋」、建物外側から内側に倒れている場合は「−」とし、その測定方法は (7) の柱の倒れ測定方法に準じる。
(2) 建物のわん曲 e	(図：長さL、わん曲e)	$e \leq \dfrac{L}{4\,000}$ かつ $e \leq 20\,\text{mm}$	$e \leq \dfrac{L}{2\,500}$ かつ $e \leq 25\,\text{mm}$	ピアノ線 JIS 1級 鋼製巻尺 鋼製直尺	四隅の柱の柱など、あらかじめ定められた基準柱との出入りを測定して、その値より算出する。
(3) アンカーボルトの位置のずれ Δa	(図：柱心、$a+\Delta a$)	構造用アンカーボルト 建方用アンカーボルト $-3\,\text{mm} \leq \Delta a \leq +3\,\text{mm}$	構造用アンカーボルト 建方用アンカーボルト $-5\,\text{mm} \leq \Delta a \leq +5\,\text{mm}$	金属製 角度直尺 コンベックス スルール ベースプレート型板 (テンプレート)	すべてのアンカーボルトがアンカーボルト径 +2 mm の孔をあけたベースプレート型板に入ることを確認する。 柱心墨からアンカーボルト心までの距離を、金属製直尺またはコンベックススルールで測定する。

付則6．鉄骨精度検査基準

名称	図	管理許容差	限界許容差	測定器具	測定方法
(4) 柱据付け面の高さ ΔH	(基準高さ $H+\Delta H$ ベースモルタル)	$-3\,\mathrm{mm} \leq \Delta H \leq +3\,\mathrm{mm}$	$-5\,\mathrm{mm} \leq \Delta H \leq +5\,\mathrm{mm}$	レベル レーザレベル スタッフ コンベックス スルール	レベルを使用して，各柱ごとに4箇所以上測定する。
(5) 工事現場継手階の階高 ΔH	($H+\Delta H$)	$-5\,\mathrm{mm} \leq \Delta H \leq +5\,\mathrm{mm}$	$-8\,\mathrm{mm} \leq \Delta H \leq +8\,\mathrm{mm}$	レベル JIS1級 鋼製巻尺	レベルで柱に基準点を取り，AとBの寸法を鋼製巻尺で測定する。$H=A+B$
(6) 梁の水平度 e	(e, L)	$e \leq \dfrac{L}{1000}+3\,\mathrm{mm}$ かつ $e \leq 10\,\mathrm{mm}$	$e \leq \dfrac{L}{700}+5\,\mathrm{mm}$ かつ $e \leq 15\,\mathrm{mm}$	レベル JIS1級 鋼製巻尺 スタッフ	レベルでAとBの梁の高さを測定する。$e=B-A$

名称	図	管理許容差	限界許容差	測定器具	測定方法
(7) 柱の倒れ e		$e \leq \dfrac{H}{1000}$ かつ $e \leq 10\,\text{mm}$	$e \leq \dfrac{H}{700}$ かつ $e \leq 15\,\text{mm}$	下げ振り セオド ライト ターゲット レーザー 光学鉛直器 鉛直鉛直器 JIS 1級 鋼製巻尺 金属製直尺 三次元 測距儀	方法A（下げ振り） 方法B（セオドライト）

名称	図	管理許容差	限界許容差	測定器具	測定方法
(7) 柱の倒れ (続き)					方法C（レーザ鉛直器）

付則7. 寸法精度受入検査基準

1. 総　　則

　この基準は，受入検査として行う寸法精度検査の書類検査および対物検査について，標準的な検査方法を定めたものである．対物検査は特記がある場合に実施するもので，その標準的な方法として，この基準では対物検査1，対物検査2を示している．

　この基準によって寸法精度検査の合否判定を行う際の製品の寸法許容差は，付則6「鉄骨精度検査基準」による．

2. 書 類 検 査

　書類検査は，社内検査成績表の記録を基に寸法精度を確認する検査であり，各検査項目について全数検査とする．検査ロット，合否判定およびロットの処理は，下記による．

　（1）　検査する測定項目について社内検査記録が全数測定され，全数記録があることを確認する．
　（2）　検査項目ごとに社内検査記録数300個以下で1検査ロットを構成する．原則として，1節分を1検査ロットとする．ただし，1節分の社内検査記録数が300個を超える場合は，分割する．また，社内検査記録数が100個以下の場合は，他の節と統合して検査ロットを構成してもよい．検査ロットの構成は，製作工程および建方工程と大きく関係するので，協議により定める．
　（3）　検査項目ごとの社内検査記録数に対して管理許容差を超える割合が5％以下で，かつ，限界許容差を超える割合が0％のとき，そのロットを合格とする．
　（4）　合格ロットはそのまま受け入れる．不合格となったロットは，その検査項目について全数，寸法測定を行い，その誤差が限界許容差以下であった場合は受け入れる．限界許容差を超えた場合，その製品については，協議の上，補強，矯正，修正もしくは再製作などの必要な処置を行い，再検査し適合であれば，受け入れる．

3. 対 物 検 査

　対物検査は，書類検査が合格した検査ロットに対し，抜取りによって実際の製品の寸法を確認する検査であり，そのうえでロットとしての合否の判定を行う．対物検査の検査項目は，書類検査の検査項目と同様である．対物検査の標準的な方法として，下記の対物検査1および対物検査2を示す．

　3.1　対物検査1

　　抜き取った製品の寸法測定結果から直接ロットの合否を判定する方法である．社内検査記録に関係なく，測定した製品の寸法精度のみで判定する．

　　検査ロット，合否判定およびロットの処理は，下記による．

　（1）　検査項目ごとに社内検査記録数300個以下で1検査ロットを構成する．
　（2）　検査ロットごとに合理的な方法で10個を抜き取り，寸法測定を行う．
　（3）　抜き取った10個の中に管理許容差を超えるものの個数が0のとき，ロットを合格とし，2以上のときはロットを不合格とする．ただし，抜き取った10個の中に管理許容差を超えるものの個数が1のときは，同じロットからさらに10個を抜き取り，寸法測定を行う．抜き取った総計20個について，管理許容差を超えるものの個数の合計が1のときはロットを合格とし，2以上のときはロットを不合格とする．

（4） 合格ロットはそのまま受け入れる．不合格となったロットは，その項目の残り全数について寸法測定検査を行い，検査結果が限界許容差以下であった場合は受け入れる．限界許容差を超えた製品については，協議の上，補強，矯正，修正もしくは再製作などの必要な処置を行い，再検査し適合であれば受け入れる．

3.2 対物検査2

抜き取った製品の測定結果と社内検査記録の中の該当する箇所の測定結果との整合性を統計的な手法で検定することにより，ロットの合否判定を間接的に判定する方法である．

検査ロット，合否判定およびロットの処理は，下記による．

（1） 検査項目ごとに社内検査記録数300個以下で1検査ロットを構成する．

（2） 検査ロットより5個を抜き取り，社内検査の対応する記録との照合を行い，その差が通常の測定で予想される偏りとバラツキの範囲であるかどうかを判定する．判定方法は，下記による．

ⅰ） 測定誤差に偏りがあるかどうかの判定（t検定）

$$t_0 = \frac{2|\bar{z}|}{s} \leq t(n-1, 0.05) \tag{1}$$

記号　$\bar{z}$：z_iの平均値

　　　z_i：社内検査記録とサンプルの測定値の差

　　　s：z_iの標準偏差

　　　n：サンプル数

　　　$t(n-1, 0.05)$：2.78（$n = 5$の場合）
　　　　　　　　　　　2.26（$n = 10$の場合）

ⅱ） 測定誤差が起こり得る範囲のものかどうかの判定（F検定）

$$V_\delta = \frac{\sum(z_i - \bar{z})^2}{n-1} \tag{2}$$

としたとき，

$$F_0 = \frac{V_\delta}{V_m} \leq F_\infty^{n-1}(0.05) \tag{3}$$

記号　V_δ：z_iの分散

　　　V_m：通常の測定で生じる誤差の分散

　　　2m以下の部材：$V_m = 0.5$

　　　2mを超える部材：$V_m = 1.0$

　　　F_∞^{n-1}：2.37（$n = 5$の場合）
　　　　　　　　　1.88（$n = 10$の場合）

（3） （1）式および（3）式が同時に成立したとき，社内検査の記録の確からしさが確認されたものとして，ロットを合格とする．社内検査の記録の確からしさが確認できなかった場合は，同じロットからさらに5個を抜き取り，合計10個のサンプルの測定値に対して，上記と同様の判定を行い，（1）式および（3）式が同時に成立したとき，ロットを合格とし，成立しなかったとき，ロットを不合格とする．

（4） 合格ロットはそのまま受け入れる．不合格となったロットは，その項目の残り全数について寸法測定検査を行い，検査結果が限界許容差以下であった場合は受け入れる．限界許容差を超えた製品については，協議の上，補強，矯正，修正もしくは再製作などの必要な処置を行い，再検査し適合であれば受け入れる．

付則8. 完全溶込み溶接に用いる開先の承認試験

1. 総　則

　JASS 6付則5.「完全溶込み溶接・部分溶込み溶接の開先標準」に該当しない完全溶込み溶接部の開先を用いる場合は，承認試験を行い，工事監理者の承認を受ける．ただし，すでに同等の試験により承認を受けている場合など，工事監理者が支障ないものと認めれば，試験を免除することができる．下記にガスシールドアーク半自動溶接における承認試験例を示す．本試験例における試験内容および合否判定基準は，標準的なものである．開先形状を実情に合わせることはもちろんのこと，溶接方法，溶接条件，鋼材の種類，板厚，試験の種類，合否判定基準などについても，当該工事の実情に合わせて，工事監理者が適切に設定してもよい．

2. 試験体

　2.1　試験に使用する鋼材の種類および板厚を付表1に示す．

　2.2　試験体の形状・寸法を付図1，試験片を付図2に示す．また，試験体の開先形状の各部寸法は，許容差を考慮した値とする．

付表1

鋼材の種類	SN490B
板厚（mm）	19

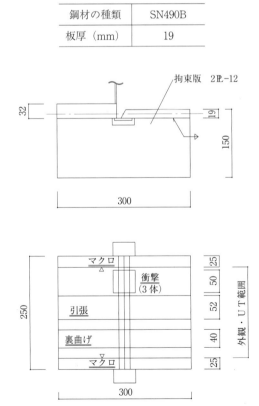

付図1　試験体

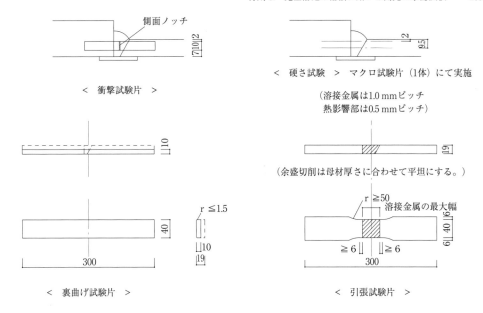

付図2 試験片

3. 試験内容

試験の種類は，下記による．

(1) 外観検査

検査範囲は，試験体両端の 25 mm を除いた範囲とする．

(2) 超音波探傷試験

JASS 6 10.4「受入検査」f.（2），（3）による．

(3) 引張試験

JIS Z 3121「突合せ溶接継手の引張試験方法」1号試験片とする．

(4) 衝撃試験

JIS Z 3128「溶接継手の衝撃試験片採取方法」による．

(5) マクロ試験

JIS G 0553「鋼のマクロ組織試験方法」による．

(6) 硬さ試験

JIS Z 2244「ビッカース硬さ試験—試験方法」による．

(7) 裏曲げ試験

JIS Z 3122「突合せ溶接継手の曲げ試験方法」による．

4. 合否判定基準

4.1 外観検査

溶接部の表面に，割れやピットなど有害と判断される欠陥があってはならない．余盛高さ，ビード幅，アンダーカットなどの許容範囲は，JASS 6 付則6「鉄骨精度検査基準」の管理許容差による．

4.2 超音波探傷試験

本会編「鋼構造建築溶接部の超音波探傷検査規準・同解説」の 7.2.1（1）「溶接部に引張応力が作用する場合」による．

4.3 引張試験

引張強さが使用鋼材の規格値以上とする．

4.4 衝撃試験

試験温度は0℃とし，特記により設計者が定めた値以上とする．特記のない場合は，3本の平均値が27 J以上とする．

4.5 マクロ試験

マクロ試験において，次の欠陥が認められる場合は不合格とする．

（1） 割れがある場合

（2） 1.0 mmを超える溶込不良，融合不良およびスラグ巻込みがある場合

（3） 0.2 mmを超えるブローホール，スラグ巻込み，溶込不良およびその他の合計個数が4個を超える場合

4.6 硬さ試験

硬さ試験の最高硬さは350 HV以下とする．

4.7 裏曲げ試験

曲げられた外面が下記の項目に1つでも該当する場合は，不合格とする．

（1） 長さ3.0 mmを超える割れのある場合．ただし，ブローホールと割れが連続しているものは，ブローホールを含めて連続した割れの長さと見なす．

（2） 3.0 mm以下の割れの合計長さが7.0 mmを超える場合．

（3） 0.2 mmを超えるブローホールおよび割れの合計数が10個を超える場合．

（4） アンダーカット，溶込不良，スラグ巻込みなどが著しい場合．

建築工事標準仕様書6
鉄 骨 工 事

1953年11月15日	第 1 版第1刷	
1967年 6 月15日	第 2 版第1刷	
1982年10月10日	第 3 版第1刷	
1988年 5 月20日	第 4 版第1刷	
1991年 2 月 1 日	第 5 版第1刷	
1993年 4 月15日	第 6 版第1刷	
1996年 2 月20日	第 7 版第1刷	
2002年11月 1 日	第 8 版第1刷（SI単位版）	
2007年 2 月15日	第 9 版第1刷	
2015年 3 月 5 日	第10版第1刷	
2018年 1 月15日	第11版第1刷	
2024年 9 月15日	第 7 刷	

編 集　一般社団法人　日本建築学会
著作人

印刷所　三 美 印 刷 株 式 会 社

発行所　一般社団法人　日本建築学会
　　　　108-8414 東京都港区芝5—26—20
　　　　電　話・(03) 3 4 5 6 — 2 0 5 1
　　　　F A X・(03) 3 4 5 6 — 2 0 5 8
　　　　http://www.aij.or.jp/

発売所　丸 善 出 版 株 式 会 社
　　　　101-0051 東京都千代田区神田神保町2-17
　　　　　　　　神田神保町ビル
　　　　電　話・(03) 3 5 1 2 — 3 2 5 6

ⓒ 日本建築学会 2018

ISBN978-4-8189-1547-3 C3352